Les sanctions en droit
des assurances

Jean-Claude PONGE
Ancien juriste d'entreprise

Les sanctions en droit des assurances

L'Harmattan

© L'HARMATTAN, 2010
5-7, rue de l'École-Polytechnique ; 75005 Paris

http://www.librairieharmattan.com
diffusion.harmattan@wanadoo.fr
harmattan1@wanadoo.fr

ISBN : 978-2-296-12018-1
EAN : 9782296120181

Principales abréviations

Art	Article
Cass. civ	Chambre civile de la Cour de cassation
Cass. com	Chambre commerciale de la Cour de cassation
Cass. crim	Chambre criminelle de la Cour de cassation
C. civ	Code civil
Cons. d'Et	Conseil d'Etat
Dalloz	Recueil Dalloz
Ed	Edition
Gaz. Pal	Gazette du Palais
Infra	Ci-dessous
JO	Journal Officiel
JCP (édition générale)	Jurisclasseur, La semaine juridique
P, pp	page(s)
Préc	Précité
R.G.A.T.	Revue générale des assurances terrestres
R.G.D.A.	Revue générale de droit des assurances
R.C. et Ass	Revue « Responsabilité civile et assurances »
R.T.D. civ	Revue trimestrielle de droit civil
S	suivant
Supra	Supra
V	Voir

Introduction

Les Particuliers, qui constituent la clientèle la plus nombreuse des Assureurs, sont généralement assez peu informés des spécificités de leurs contrats ou polices d'assurance, notamment en ce qui concerne les sanctions diverses auxquelles ils peuvent, un jour, être confrontés.

Les sanctions ou pénalités que nous allons étudier sont toutes mesures prévues par le code des assurances à la suite d'un manquement de l'assuré à son obligation générale de bonne foi ou de loyauté, ou causées par sa négligence, ou encourues, par exemple après sinistre, par son inaction à faire reconnaître ses droits.

Les sanctions ne doivent pas être confondues avec d'autres notions, comme par exemple, celle de *franchise,* qui est un abattement, dont le montant est indiqué dans le contrat et que l'assuré supporte sur le montant de l'indemnité de sinistre qui lui est due. Une des raisons de l'existence d'une franchise est que l'assureur, par ce moyen, élimine les petits sinistres qui sont, au plus, égaux à cette franchise. Il évite, ainsi d'alourdir sa gestion.

Ou, encore, avec la notion d'exclusion contractuelle de garantie. Par cet autre moyen, l'assureur précise dans la police que sa garantie ne sera jamais acquise pour tels types de risques, délimités avec précision et définis formellement dans le contrat. (Une nuance doit, toutefois, être apportée en ce qui concerne certaines exclusions que nous verrons plus loin et qui interviennent aussi comme des sanctions : faute intentionnelle ou dolosive ; absence de permis de conduire en cours de validité ; transport de passagers au mépris des conditions suffisantes de sécurité).

Les sanctions examinées dans le cadre de la présente étude intéressent la quasi-totalité des **particuliers** car elles interviennent dans les assurances les plus fréquemment souscrites : *assurance des* *biens* (maison, appartement, voiture, par exemple) ; *assurance des responsabilités non professionnelles* (assurance des dommages que l'on peut, par soi-même, ou par le fait de ses jeunes enfants, causer à autrui, par exemple) ; *assurance des personnes*, (les assurances vie-capitalisation étant, sauf exception, exclues de cette étude).

Afin de demeurer dans un cadre général, n'ont pas été envisagées non plus les assurances du type assurances maritimes, fluviales, aériennes, de chasse, ...

Le déroulement de l'étude suivra un ordre simple, c'est-à-dire chronologique.

Une première partie traitera des sanctions encourues à l'occasion de la souscription d'une police ; la seconde, des sanctions prévues au cours de la vie du contrat et la troisième partie traitera de la sanction opposable à l'assuré en cas d'inaction de sa part suite à un sinistre, c'est-à-dire de la prescription.

Enfin, tout au long de l'étude qui suit, il conviendra de ne pas perdre de vue que le code des assurances a imposé aux assureurs une obligation très importante qui est la suivante : article L.112-4, « Les clauses des polices édictant des nullités, des déchéances ou des exclusions ne sont valables que si elles sont mentionnées en caractères très apparents ».

Mais, ne sont pas concernées, toutefois, les nullités, déchéances ou exclusions prévues par une loi impérative *(▪ Cass. 1ère civ., 1er déc. 1993 : R.G.A.T. 1994, p. 82 et ▪ Cass. 1ère civ., 19 déc. 2000 : R.G.D.A. 2001, p. 44),* sauf dispositions particulières éventuelles.

Il est également très important de savoir que les clauses des contrats proposés par les assureurs aux consommateurs ou aux non-professionnels « doivent être présentées et rédigées de façon claire et compréhensible ». En cas de doute, elles s'interprètent dans le sens « le plus favorable au consommateur ou au non-professionnel ». *(Art. L.133-2, du code de la consommation et,* ▪ *Cass. 1ère civ., 21 janv. 2003 : Dalloz 2003. J. 693 et 2600 ;* ▪ *Cass. 2ème civ. 13 juill. 2006, n° 05-18104 : R.C. et Ass., 2006, comm. 275 ;* ▪ *Cass. 1ère civ., 22 mai 2008, n° 05-21822 : Dalloz 2008.J.1954).*

Note : sont examinées, à la fin, les particularités concernant l'Alsace et la Moselle, mais non celles concernant l'outre-mer.

AVERTISSEMENT.

La « jurisprudence » (c'est-à-dire les décisions rendues par les tribunaux, ou « jugements », et par les Cours, ou « arrêts ») joue un rôle considérable en droit des assurances, car c'est aux juridictions qu'il revient d'interpréter les textes et de choisir entre différentes solutions possibles. Aussi, sa connaissance est indispensable, en plus de celle des textes législatifs et réglementaires. En outre, elle évolue constamment, ce qui peut donner l'impression d'une relative insécurité, d'autant plus qu'un « revirement », c'est-à-dire le fait d'apporter à un même problème une solution différente de celle qu'on lui avait donnée auparavant, a un effet rétroactif : la solution nouvelle va s'appliquer aux affaires semblables, même anciennes, non encore jugées.

A ce propos, le fait que le contentieux du contrat d'assurance ait été transféré de la 1ère chambre à la 2ème chambre civile de la Cour de cassation, entraînera quelques modifications dans les solutions jusqu'à présent retenues, la 2ème chambre pouvant avoir une approche différente de celle qu'avait la 1ère.

Exemple : voici ce qu'écrit la Cour de cassation dans un arrêt rendu par sa 3ème chambre civile *(*▪ *Cass. 3e civ., 2 oct. 2002, n° 01-02073 : Dalloz, 2003. J. 513)* : « …la sécurité juridique ne saurait consacrer un droit acquis à une jurisprudence constante, l'évolution de la jurisprudence relevant de l'office du juge dans l'application du droit … ». On peut ajouter : *(*▪ *Cass. 1ère civ., 11 juin 2009, n° 08-16914 : RC et Ass. 2009, comm. 259).*

En conséquence, nous avons donné de nombreux exemples tirés de la jurisprudence : des décisions rendues essentiellement par la plus haute juridiction, la Cour de Cassation, qui, il faut le savoir, ne se prononce que sur les problèmes de droit, les problèmes de fait (analyse d'un événement, de ses circonstances, etc.) relevant notamment des cours d'appel.

Chaque arrêt de la Cour de Cassation est accompagné d'une seule référence de publication, pour ne pas alourdir le texte, afin de permettre au lecteur, qui le souhaiterait, de faire toute vérification (sachant que, de toute façon, la plupart des arrêts sont également publiés par le Bulletin de la Cour de Cassation, par les Revues professionnelles et même sur Internet, sur les sites www.courdecassation.fr et www.legifrance.gouv.fr). Pour permettre un accès plus facile, nous avons précisé, chaque fois que cela a été possible, le n° de référence de l'arrêt.

1

Sanctions encourues à l'occasion de la souscription d'une police d'assurance

Section 1. Nullité de l'assurance souscrite

La nullité d'un contrat d'assurance est une sanction d'une particulière gravité, généralement prononcée après la survenance d'un sinistre, et qui laisse donc l'assuré à découvert, ce qui peut avoir pour lui et les siens des conséquences catastrophiques : incendie de sa maison, dommages corporels graves causés à autrui, par exemple.

Il convient de rappeler le texte applicable. C'est l'art. L.113-8 du code des assurances, ainsi rédigé pour l'essentiel : « … le contrat d'assurance est nul en cas de réticence ou de fausse déclaration intentionnelle de la part de l'assuré, quand cette réticence ou cette fausse déclaration change l'objet du risque ou en diminue l'opinion pour l'assureur, alors même que le risque omis ou dénaturé par l'assuré a été sans influence sur le sinistre. … »

En résumé, il y a donc plusieurs conditions : l'assuré doit avoir eu un comportement déloyal, intentionnel, dans le but de tromper l'assureur sur la nature exacte du risque qu'il lui a été demandé d'assurer, ce comportement de l'assuré étant sanctionné par la nullité du contrat.

§ 1. Comportement déloyal et intentionnel dans le but de tromper

A. Rappel des obligations de l'assuré

Le code des assurances impose à l'assuré un certain nombre d'obligations en ce qui concerne la déclaration du risque à assurer, car c'est sur la base de ses déclarations que l'assureur s'engagera et calculera le tarif applicable.

Rappelons ce qu'indique le code :

Selon l'art. L.113-2, l'assuré est obligé :

« 1° De payer la prime ou cotisation aux époques convenues ;

« 2° De répondre exactement aux questions posées par l'assureur, notamment dans le formulaire de déclaration du risque par lequel l'assureur l'interroge lors de la conclusion du contrat, sur les circonstances qui sont de nature à faire apprécier par l'assureur les risques qu'il prend en charge ;

3° De déclarer, en cours de contrat, les circonstances nouvelles qui ont pour conséquence soit d'aggraver les risques, soit d'en créer de nouveaux et rendent de ce fait inexactes ou caduques les réponses faites à l'assureur, notamment dans le formulaire mentionné au 2° ci-dessus.

L'assuré doit, par lettre recommandée, déclarer ces circonstances à l'assureur dans un délai de quinze jours à partir du moment où il en a eu connaissance ».

Cet article ajoute que lorsqu'elle est prévue par une clause du contrat, la déchéance pour déclaration tardive au regard du délai prévu au 3° ci-dessus ne peut être opposée à l'assuré que si l'assureur établit que le retard dans la déclaration lui a causé un préjudice. Elle ne peut également être opposée dans tous les cas où le retard est dû à un cas fortuit ou de force majeure.

B. Réticence et fausse déclaration intentionnelles

Il convient de rappeler que le fait de savoir si l'on est ou non en présence d'une réticence ou d'une fausse déclaration intentionnelles est laissé par la Cour de cassation à l'appréciation des cours d'appel, ce qui veut dire qu'elle tiendra comme acquise définitivement l'opinion émise par la cour d'appel si cette opinion est suffisamment motivée. Il peut donc y avoir des divergences d'une cour d'appel à l'autre quant à la conclusion à tirer de situations pourtant semblables, ce qui entraîne une certaine insécurité. Aussi, il n'est pas possible de donner de définition générale de la réticence ou de la fausse déclaration intentionnelles.

Par contre, il y a lieu de ne pas perdre de vue que c'est l'assureur qui prend l'initiative concernant la nature des questions à poser (notamment dans le formulaire ou questionnaire de déclaration de risque) et leur pertinence, pour être, à son avis, suffisamment informé du risque à garantir.

En d'autres termes, il ne pourrait reprocher à l'assuré de ne pas lui avoir déclaré un fait qui n'aurait pas été l'objet d'une question ou qui ne pourrait s'y rattacher.

Toutefois, pour se faire une opinion précise sur le risque qu'il lui est demandé d'assurer, l'assureur a toute liberté de poser des questions même si elles n'ont qu'un lien indirect avec les garanties offertes.

Exemple : il s'agissait d'une assurance décès et invalidité totale et permanente ; l'assuré avait faussement répondu à la question de savoir s'il était atteint d'épilepsie, ce risque étant cependant expressément exclu de la garantie ; survient un accident de la circulation qui entraîne un état de démence chez l'assuré ; la Cour de Cassation énonce ainsi sa position : « ...l'assureur n'est pas tenu de cantonner ses interrogations aux seuls éléments caractérisant le risque qu'il est invité à garantir et l'assuré doit répondre sincèrement à toutes les questions posées par l'assureur pour apprécier ce risque, à défaut de quoi il s'expose aux sanctions de l'article L 113-8 du code des assurances, si, du moins, le manquement à cette obligation a exercé une influence sur l'opinion de l'assureur». (▪ *Cass. 1ère civ., 22 mai 2002 : R.G.D.A. 2002, p. 686).*

Pour plus de clarté, il est préférable de distinguer la réticence et la fausse déclaration intentionnelles lors de la souscription du contrat de celles intervenant en cours de contrat.

1. Réticence et fausse déclaration intentionnelles lors de la souscription du contrat

L'assuré doit répondre exactement aux questions figurant dans le questionnaire qui lui est soumis par l'assureur et à toute autre question éventuellement posée.

En cas de litige, il sera recherché si le questionnaire incitait l'assuré à déclarer la circonstance que l'assureur lui reproche d'avoir dissimulée.

Ainsi, dans une affaire où une société de gestion de portefeuilles n'avait pas déclaré qu'elle faisait l'objet d'une procédure de la part du Conseil de discipline de la Commission des opérations de Bourse, la cour d'appel avait cru devoir annuler la police d'assurance de responsabilité professionnelle de cette société. La Cour de Cassation a cassé son arrêt au motif qu'elle aurait dû rechercher si l'assureur avait posé une question qui aurait dû conduire l'assurée à lui déclarer la procédure de contrôle (▪ *Cass. 2ère civ., 15 févr. 2007, n° 05-20865 : R.C. et Ass., 2007, comm. 172).*

La chambre criminelle partage également cette position : voir ainsi dans le cadre de l'assurance de responsabilité automobile, (▪ *Cass. crim., 18 sept. 2007, n° 06-84807 : R.C. et Ass., 2007, comm. 374).*

Il convient, cependant, de faire très attention, lorsque l'on reçoit la police pour signature, à bien lire les conditions ou dispositions particulières, car l'assureur intercale souvent dans celles-ci un passage commençant par : « Vous déclarez que... etc, etc... ».

Cela risquera d'être considéré comme étant des déclarations faites à votre seule initiative, qui vous engageront à partir du moment où vous aurez signé le document, même si aucune question ne vous avait préalablement été posée.

La Cour de cassation précise à ce sujet que, si l'assuré doit « informer l'assureur des circonstances de nature à lui faire apprécier le risque qu'il prend en charge, lorsque lui sont posées des questions, le juge peut prendre en compte, pour apprécier l'existence d'une fausse déclaration intentionnelle prévue à l'article L 113-8 (du code des assurances), les déclarations faites par l'assuré **à sa seule initiative** lors de la conclusion du contrat (▪ *Cass. 2ème civ., 19 févr. 2009, n° 07-21655 : Dalloz 2009. AJ. 810, in fine et Dalloz 2009. J. 2788).*

On trouve beaucoup d'exemples de réticence ou de fausse déclaration intentionnelle, spécialement en assurance automobile : le mensonge du souscripteur sur ses antécédents (condamnations pénales ; suspension de permis ; accidents antérieurs) ; le mensonge sur l'usage déclaré du véhicule (risque promenade déclaré alors que le risque réel est un usage professionnel) ; le mensonge sur l'identité du conducteur habituel et sur le lieu habituel de garage du véhicule.

Exemple : Un assuré, W.B., à l'occasion d'un changement de véhicule, avait dissimulé à l'assureur que ce n'était pas lui, mais son fils, G.B., qui était le conducteur habituel ou désigné ; suite à un accident causé par le fils, l'assureur soutient et obtient la nullité du contrat pour réticence intentionnelle, alors qu'il y avait eu changement de l'objet du risque et diminution de l'opinion de l'assureur sur le risque. A noter que le fils avait déjà été responsable de trois accidents ! (▪ *Cass. 1ère civ., 4 juin 1996 : R.G.D.A. 1996, p. 605).*

On peut citer un autre exemple, dans lequel le proposant (le client) avait cru pouvoir jouer sur les mots, pour dissimuler une condamnation. Ainsi, il lui avait été demandé dans le questionnaire s'il avait fait l'objet, au cours des trois dernières années, d'une condamnation pour conduite sous l'empire d'un état alcoolique. Il avait répondu négativement, en dissimulant qu'un tribunal correctionnel venait de le condamner à une peine de suspension de permis pour conduite en état alcoolique, condamnation dont il avait, toutefois, fait appel, de sorte qu'elle n'était pas encore définitive. Ce à quoi, il lui a été répondu : « attendu que le questionnaire soumis à M. M... ne distinguant pas les condamnations définitives des condamnations faisant l'objet d'un recours, même suspensif, c'est dans l'exercice de son pouvoir souverain d'appréciation que la cour d'appel, se plaçant à la date de la souscription du contrat, a estimé que M. M...avait fait une fausse déclaration intentionnelle ». (« Cass. 2ème civ., 29 avril 2004 n° 03-10655 : R.C. et Ass., 2004, comm. 235).

L'assurance automobile n'est pas la seule concernée : quel que soit le type d'assurance souscrite, l'assureur a besoin de connaître, notamment, le passé du risque qu'il lui est demandé de garantir, que ce risque soit une responsabilité, un bien, ou la personne (en cas de risque invalidité, décès,…..), par exemple.

Aussi, s'il y a mensonge sur l'existence de sinistres antérieurs, dissimulation d'une résiliation pour sinistre par le précédent assureur, la nullité pourra être encourue.

En cas de mensonge sur l'existence de sinistres antérieurs, nous pouvons donner cet exemple : à la question de savoir si l'assuré avait eu des sinistres au cours des deux dernières années, quelle qu'en fût la nature, cet assuré n'avait pas déclaré qu'il avait eu deux vols importants, ce qui a entraîné la nullité de sa police (une multirisque commerçant en l'espèce) ; (« Cass. 1ère civ., 22 janv. 2002 : RC et Ass., 2002, comm. 184).

La motivation de l'assuré se trouve habituellement dans son désir d'obtenir une minoration de la prime à payer. Cette attitude est jugée suffisante pour caractériser sa mauvaise foi. C'est ce qu'admet la Cour de Cassation : une mère avait dissimulé que son fils était le conducteur habituel, pour obtenir une minoration de la prime, laquelle dissimulation, une fois découverte, entraîna la nullité de la police d'assurance, (▪ *Cass. 1ère civ., du 11 juill. 2001 : RC et Ass., 2001, comm. 382*).

Un autre motif de dissimulation est, parfois, la crainte d'essuyer un refus d'assurance par l'assureur contacté, spécialement quand il y a eu des sinistres antérieurs.

2. Réticence et fausse déclaration intentionnelle en cours de contrat

La fraude peut aussi porter sur une absence de déclaration, en cours de contrat, d'une aggravation de risque ou de la création d'un risque nouveau.

Exemple : un assuré condamné à un mois de prison avec sursis et à deux mois de suspension de permis pour conduite en état alcoolique, n'a pas déclaré à l'assureur dans le délai de 15 jours suivant la condamnation « ces circonstances nouvelles ayant eu pour conséquence d'aggraver les risques et rendant de ce fait inexactes ses réponses aux questions posées dans le formulaire de déclaration du risque » ; cette réticence, jugée intentionnelle, a eu pour conséquence l'annulation du contrat. (▪ *Cass. Crim., 2 mai 2001 : R.G.D.A. 2001, p. 700*).

En ce qui concerne les déclarations à faire en cours de contrat, c'est l'art. L 113-2, 3°, du code des assurances qui s'applique, à partir du moment où le contrat a été conclu, même si la date d'effet des garanties a été repoussée et qu'une aggravation est intervenue entre cette date et la date de la conclusion du contrat.

Exemple : une personne avait rempli un questionnaire de santé en vue d'adhérer à une assurance garantissant un prêt qu'elle avait sollicité ; ayant été informée peu après de sa séropositivité, elle n'en avait pas informé l'assureur ; il lui a, alors, été reproché de n'avoir pas fait de déclaration, même avant la prise d'effet du contrat, de cette circonstance nouvelle aggravant le risque et qui rendait caduques ou inexactes les réponses figurant dans le questionnaire de l'assureur ; d'où, la nullité était encourue. (▪ *Cass. 2e civ., 22 janv. 2004, n° 02-20532 : RC et Ass., 2004, comm. 117*).

A ce propos, un autre arrêt intéressant a été rendu le 22 janv. 2009 par la 2ème chambre civile (■ *Cass. 2ère civ., 22 janv. 2009, n° 07-20378 : R.C. et Ass. 2009, comm.116, note Leduc).* Dans cette affaire la cour d'appel avait affirmé que l'omission de la déclaration de la maladie, révélée après le questionnaire et avant la prise d'effet des garanties, « caractérise une fausse déclaration intentionnelle entraînant la nullité de l'adhésion ». Mais, son arrêt est cassé au motif « qu'en statuant ainsi, sans rechercher si les changements invoqués dans l'état de santé de l'assuré avaient pour conséquence d'aggraver les risques ou d'en créer de nouveaux et de rendre de ce fait inexactes ou caduques les réponses apportées au questionnaire médical de l'assureur, la cour d'appel n'a pas donné de base légale à sa décision »..

Dans sa note, M. Leduc précise : « Il doit être tenu pour acquis que la déclaration des circonstances nouvelles aggravant le risque, révélées postérieurement à la conclusion du contrat, relève sans aucune distinction du régime de l'article L 113-2, 3° » (peu importe la date d'effet des garanties).

Par ailleurs, dans une affaire d'aggravation de risque de sinistre incendie où la société assurée avait déclaré que le risque consistait en une salle de gymnastique, avec un petit bar/ sandwicherie, il y avait eu, en cours de contrat, une modification (organisation de soirées à thème rassemblant jusqu'à 500 personnes, jusqu'à 2H00 du matin). Aucune sanction n'était, cependant, applicable sans avoir préalablement constaté « que l'absence de déclaration avait pour conséquence de rendre inexactes ou caduques les réponses faites lors de la conclusion du contrat d'assurance aux questions posées par l'assureur ». *(■ Cass. 2ère civ., 22 janv. 2009, n° 08-10294 : R.C. et Ass. 2009, comm. 117, note Leduc).*

Selon le commentateur, cette position est excessive car l'aggravation du risque est le fait de l'assuré, lequel « n'était pas raisonnablement prévisible par l'assureur au moment de la souscription du contrat ». Il en conclut que les assureurs seront contraints de prévoir dans leurs questionnaires une question finale destinée à les verrouiller.

Par contre, à notre avis, si le cas a été prévu dans les conditions générales, comme devant faire, le cas échéant, l'objet d'une déclaration d'aggravation de risque, même s'il n'a pas été mentionné dans le questionnaire initial, l'absence de déclaration pourra être sanctionnée, par application du principe de la force obligatoire des conventions (art. 1134 du code civil).

C. Charge de la preuve

Pour entraîner la nullité, la réticence ou la fausse déclaration doivent avoir été intentionnelles. Il faut avoir eu la volonté de tromper l'assureur et c'est à celui-ci de prouver la mauvaise foi de son assuré, conformément à l'article 2274 du code civil (ancien article 2268) : « *La bonne foi est toujours présumée, et c'est à celui qui allègue la mauvaise foi à la prouver* ». S'il y a un doute, ce doute empêchera l'assureur de rapporter cette preuve.

Exemple : un arrêt rappelle que la mauvaise foi doit être prouvée de même que son incidence sur le risque *(• Cass. 1ère civ., 25 oct. 1989 : RC et Ass. 1989, comm., 424)*.

C'est ce que nous allons examiner ci-après.

§ 2. Comportement ayant eu pour effet de changer ou de dénaturer le risque à assurer

A. Charge de la preuve

Il appartient à l'assureur de rapporter la preuve de ce que la réticence ou la fausse déclaration intentionnelle a changé l'objet du risque ou a diminué l'opinion qu'il en avait.

Exemples :

Premier exemple : « … il incombe à l'assureur… de démontrer, conformément à l'article L. 113-8 du code des assurances, que la fausse déclaration (concernant l'identité du propriétaire du véhicule), comme celle concernant l'identité du conducteur habituel, était de nature à changer l'objet du risque ou à diminuer l'opinion qu'il en avait... ». (▪ *Cass. 1ère civ., 10 mai 1989 : RC et Ass., 1989, comm. 290).*

Deuxième exemple. Un M. H avait pris en location un véhicule auprès d'une société C. ; il y eut vol du véhicule ; la nullité du contrat a été demandée par l'assureur au motif que l'assuré n'avait pas déclaré qu'il utilisait le véhicule à des fins professionnelles et, à titre subsidiaire, l'application de la réduction proportionnelle était sollicitée (*voir infra section 2, la règle proportionnelle de primes*). La cour d'appel a écarté ces moyens au motif que, au moment du vol, l'assuré n'exerçait pas de profession, alors qu'elle aurait dû rechercher « si le fait omis avait faussé l'appréciation du risque vol par l'assureur », même s'il n'y avait pas eu d'influence sur le sinistre. Ensuite, dans l'affirmative, selon que l'assureur prouve ou non, qu'il y a eu ou aurait eu mauvaise foi, la sanction est la nullité du contrat, ou la réduction proportionnelle de garantie en proportion du taux des primes payées par rapport au taux des primes qui auraient été dues si le risque avait été exactement déclaré. *(▪ Cass. 1ère civ., 24 nov. 1999 : RC et Ass. 2000, comm. 102).*

Peu importe, lorsqu'il y a eu un sinistre, que le motif d'annulation invoqué par l'assureur n'ait pas eu de rapport avec la survenance du sinistre, car l'article L. 113-8, rappelé ci-dessus, précise bien que la nullité est encourue « alors même que le risque omis ou dénaturé par l'assuré a été sans influence sur le sinistre ».

B. Cas des polices multirisques

Cela concerne la plupart des polices des particuliers qui ont généralement une multirisques pour l'habitation et une autre pour la voiture.

Lorsqu'il s'agit d'une police multirisques, la fausse déclaration intentionnelle peut n'être faite qu'à propos de l'un des risques garantis. Quelle en sera l'incidence si un sinistre survient et concerne un autre risque que celui qui est entaché de fausse déclaration ? La nullité encourue s'appliquera-t-elle à la seule garantie litigieuse ou à l'ensemble de la police multirisques ?

La solution dépendra de l'appréciation du juge (cour d'appel) auquel la Cour de cassation laisse une entière liberté de décision.

La Cour de cassation a simplement indiqué dans un arrêt du 3 janvier 1996 (• *Cass. 1ère civ., 3 janv. 1996 : R.G.D.A. 1996, p. 74)* et dans d'autres, dont par exemple celui du 2 juillet 1996 (• *Cass. 1ère civ., 2 juill. 1996 : RC et Ass., 1996, comm. 367)*, : « ... en cas de réticence ou de fausse déclaration intentionnelle faite par l'assuré à l'occasion de la souscription d'une police garantissant plusieurs risques distincts, l'appréciation de la portée, en ce qui concerne l'assureur, de cette réticence ou fausse déclaration, doit se faire par rapport à chaque risque en litige, mais indépendamment des circonstances du sinistre ».

Dans le 1er cas, il s'agissait de quelqu'un qui avait fait une fausse déclaration sur le conducteur habituel et le lieu de garage du véhicule assuré (police garantissant la responsabilité civile et l'incendie). Le sinistre concernait un incendie survenu chez le conducteur habituel réel. La Cour de Cassation approuve la cour d'appel d'avoir annulé l'ensemble de la police.

Dans le 2ème cas, il s'agissait du vol d'un minibus assuré pour les garanties responsabilité civile et vol, mais le souscripteur avait faussement déclaré que son minibus ne servait pas au transport à titre onéreux de passagers. La cour d'appel avait admis que la fausse déclaration sur l'usage du véhicule avait faussé l'appréciation de tous les risques y compris le risque vol, entraînant la nullité de la police. Position entérinée par la Cour de Cassation qui estime que cette appréciation relève du seul pouvoir de la cour d'appel.

La 2ème chambre civile confirme la position de la 1ère chambre civile, exprimée dans les deux arrêts ci-dessus, de 1996 (• *Cass. 2ème civ., 21 déc. 2006, 05-20752 : R.C. et Ass. 2007, comm.107)*.

Certes, l'annulation peut être envisagée garantie par garantie et n'être retenue que pour certaines d'entre elles et non viser l'ensemble de la police.

Mais, si cette méthode est d'application simple comme il arrive dans certains contrats où les garanties y sont détaillées et tarifées séparément, elle risque d'être délicate à mettre en œuvre dans d'autres situations. Or, ces dernières se rencontrent précisément dans le cas des multirisques relatives aux risques des particuliers.

L'assuré ne doit donc pas perdre de vue que s'il croit pouvoir faire une fausse déclaration intentionnelle dans le cadre d'une assurance multirisques, il prend, si l'on peut s'exprimer ainsi, le risque d'une annulation totale quand sera découverte la fraude. Il existe, d'ailleurs, un ancien adage de droit disant : « fraus omnia corrumpit », en d'autres termes, la fraude corrompt la totalité de l'acte...

Ainsi, dans l'arrêt cité ci-dessus (au §1, B, *Réticence et fausse déclaration intentionnelles, paragraphe 1*), du 22 janvier 2002, (publié aussi dans la *R.G.D.A. 2002, p. 355*), le commerçant avait répondu négativement à la question concernant, *de façon générale*, le nombre de sinistres causés ou subis au cours des deux dernières années, quelle qu'en fût la nature, alors qu'il avait subi deux sinistres « vol ». L'assureur voulait avoir une réponse indépendamment des garanties souscrites. Le mensonge intentionnel de l'assuré avait faussé l'appréciation de tous les risques couverts par la police. D'où, nullité de celle-ci. Cette solution est évidemment valable pour les polices des particuliers.

C. L'amnistie des condamnations pénales

On sait que les lois d'amnistie ont été fréquentes. Peut-être y en aura-t'il d'autres à l'avenir.

Qu'en est-il, quand une sanction judiciaire non déclarée intentionnellement, a fait l'objet d'une amnistie ?

Par principe, l'amnistie ne préjudicie pas aux droits des tiers (dont l'assureur), notamment en ce qui concerne les intérêts civils.

Certes, elle efface la sanction pénale et le caractère délictueux des faits qui avaient motivé celle-ci. Néanmoins, il est possible, pour l'assureur, d'invoquer une condamnation pénale amnistiée au soutien, par exemple, d'une fausse déclaration.

Exemple : un assuré avait dissimulé, en répondant au questionnaire de l'assureur, une sanction judiciaire de suspension de permis de conduire ; cette sanction avait été ultérieurement amnistiée ; mais la Cour de Cassation rappelle que l'amnistie ne préjudicie pas aux droits des tiers et elle rejette le pourvoi dirigé contre l'arrêt d'appel ayant annulé la police d'assurance (▪ *Cass. 1ère civ., 16 févr. 1988 : R.G.A.T. 1988 , p. 473).*

D. Le secret médical

En matière d'assurances de personnes, le secret médical protège l'assuré, mais celui-ci ne saurait se retrancher derrière, à des fins illégitimes, pour masquer sa fraude.

Exemple : il est jugé que la veuve d'un assuré, ayant adhéré à une assurance de groupe pour garantir le remboursement d'un emprunt et ayant dissimulé qu'il suivait un traitement médical depuis plusieurs années, « ne pouvait pas légitimement s'opposer à la production d'un tel certificat (c'est-à-dire d'un certificat contraire à ses intérêts), dès lors qu'il ne s'agissait pas pour elle de faire respecter un intérêt légitime, mais de faire écarter un élément de preuve contraire à ses prétentions » (▪ *Cass. 1ère civ., 9 juin 1993 : RC et Ass., 1993, comm. 348).*

L'opposition ou l'absence d'accord pour la levée du secret médical peut provenir, soit de l'assuré ou de ses ayants droit, soit du médecin ou de l'établissement de soins.

1. L'opposition provient de l'assuré ou de ses ayants droit

Le juge civil ne peut aller à l'encontre de l'opposition de l'assuré ou de ses ayants droit, mais il lui appartient d'en tirer toutes conséquences, selon qu'elle lui paraît fondée ou non.

Ainsi, dans une affaire où l'expert judiciaire s'était opposé au refus du médecin (médecin du travail, en l'espèce) de communiquer le dossier médical de l'assuré, la veuve ou les héritiers de celui-ci s'opposant à la levée du secret médical, la Cour de cassation a jugé que le juge civil « ne peut, en l'absence de disposition législative spécifique, contraindre un médecin à lui transmettre des informations couvertes par le secret lorsque la personne concernée ou ses ayants droit s'y sont opposés ; qu'il appartient alors au juge saisi sur le fond d'apprécier si cette opposition tend à faire respecter un intérêt légitime ou à faire écarter un élément de preuve et d'en tirer toute conséquence quant à l'exécution du contrat d'assurance ». (* Cass. 1ère civ., 15 juin 2004, n° 01-02338 : Dalloz 2004. J. 2682)

On peut citer aussi à l'arrêt suivant, du 2 juin 2005 (* Cass. 2ème civ., 2 juin 2005, n° 04-13509 : RC et Ass., 2005, comm. 269), selon lequel « l'assureur ne peut produire un document couvert par le secret médical intéressant le litige qu'à la condition que l'assuré ait renoncé au bénéfice de ce secret, et il appartient au juge, en cas de difficulté, d'apprécier, au besoin après une mesure d'instruction, si l'opposition de l'assuré tend à faire respecter un intérêt légitime ».

Un arrêt du 7 déc. 2004 (* Cass. 1ère civ., 7 déc. 2004, n° 02-12539 : RC et Ass, 2005, comm.75) précise que le juge civil ne peut contraindre un établissement de santé (ou un médecin) à transmettre des informations couvertes par le secret médical « sans l'accord de la personne concernée ou de ses ayants droit, le secret médical constituant un empêchement légitime que l'établissement de santé a la faculté d'invoquer. » Pratiquement, cela revient à demander à l'expert judiciaire de commencer par se procurer l'accord écrit de la personne concernée ou de ses ayants droit.

C'est ce que confirme un nouvel arrêt de la 1ère chambre civile (* Cass. 1ère civ., 11 juin 2009, n° 08-12742 : Dalloz 2009.AJ. 1760) : « Attendu que le juge civil ne peut, en l'absence de disposition législative spécifique l'y autorisant, ordonner une expertise judiciaire en impartissant à l'expert une mission qui porte atteinte au secret médical sans subordonner l'exécution de cette mission à l'autorisation préalable du patient concerné, sauf à tirer toutes conséquences du refus illégitime ».

D'autre part, la 2ème chambre civile (▪ *Cass. 2ème civ., 13 nov. 2008, n° 07-18364 : Dalloz 2008. AJ. 2948)*, dans un litige essentiellement médical, faisant suite à un accident de travail, et dans lequel le service médical de la sécurité sociale s'était opposé à une injonction avec astreinte de produire des documents médicaux, alors qu'il lui était opposé que l'assuré social était implicitement réputé renoncer volontairement au bénéfice du secret médical, a affirmé que « ni l'accord de la victime ni son absence d'opposition à la levée du secret médical ne peuvent résulter de la simple sollicitation de prestations ».

Enfin, pour éviter autant que possible les difficultés, l'assureur peut légalement insérer dans le contrat une clause par laquelle il subordonne sa garantie à la production d'un certificat médical indiquant, si possible, la nature de la maladie ayant entraîné le décès. Dans ce cas, la Cour de cassation estime que l'assuré est censé renoncer lui-même et par avance au secret médical (▪ *Cass. 1ère civ., 29 oct. 2002 : J.C.P. G., 2002. IV. 2988)*.

2. L'opposition provient du médecin

En effet, malgré la rédaction de l'arrêt ci-dessus du 15 juin 2004, il ne faut pas en déduire que « la personne concernée ou ses ayants droit » auraient pu, en donnant leur accord, contraindre le médecin à transmettre le dossier médical à l'expert. A ce propos, M. Sargos, président de chambre à la Cour de cassation, écrivait que « rien ne serait plus faux en réalité, car, même en cas d'accord de son patient, ou de ses héritiers, un médecin reste libre d'opposer le secret médical sans s'exposer à une contrainte. » (▪ *Les principes d'immunité et de légitimité en matière de secret professionnel médical*, P. Sargos : J.C.P. G, 2004. I. 187, n° 9).

Une solution consisterait en ce que le médecin remette le dossier médical à l'assuré ou à ses ayants droit : libre à eux d'en faire ensuite l'usage qu'ils voudraient, sachant que le secret médical a été institué dans l'intérêt des patients et qu'il ne doit pas être, pour eux, un obstacle qui les empêcherait de faire valoir, le cas échéant, leurs droits (droit à indemnisation par un tiers, ou droit au bénéfice de prestations contractuelles, par exemple).

De toute façon, le Code de la santé publique a prévu, à l'article L 1111-7, que toute personne peut avoir accès à son dossier médical, soit directement, soit par l'intermédiaire du médecin qu'elle désigne.

En cas de décès, l'article L 1110-4, dernier alinéa, du même code, dispose que « le secret médical ne fait pas obstacle à ce que les informations concernant une personne décédée soient délivrées à ses ayants droit, dans la mesure où elles leur sont nécessaires pour leur permettre de connaître les causes de la mort, de défendre la mémoire du défunt ou de faire valoir leurs droits, sauf volonté contraire exprimée par la personne avant son décès ».

On peut, à ce propos, obtenir des copies sur place ou s'en faire envoyer (les frais ne pouvant excéder le coût de la reproduction et, le cas échéant, de l'envoi des documents).

En conclusion, l'intéressé lui-même ou les ayants droit du défunt pourront avoir communication des informations médicales figurant dans le dossier que le médecin refuserait de communiquer à l'expert judiciaire. Il leur sera ainsi loisible de contourner le refus de ce médecin s'ils souhaitent que l'expert ait connaissance des informations litigieuses.

§ 3. La sanction : l'annulation de la police d'assurance

La nullité de la police d'assurance est encourue lorsque les conditions qui précèdent sont réunies, « alors même que le risque omis ou dénaturé par l'assuré a été sans influence sur le sinistre », selon l'art. L. 113-8 du code des assurances.

La nullité ne prend, toutefois, effet qu'à partir du jour où a été faite la fausse déclaration.

A. Les primes

L'article L.113-8 du code des assurances précise que (sauf en assurance vie) les primes payées demeurent acquises à l'assureur, qui a droit au paiement de toutes les primes échues à titre de dommages et intérêts.

B. Les sinistres

Les sinistres non encore réglés ne seront évidemment pas pris en charge.

Par contre, en ce qui concerne les sinistres que l'assureur avait réglés, avant que ne soit reconnue et prononcée la nullité du contrat, leur remboursement peut être exigé de l'assuré par l'assureur, qu'il s'agisse de sommes versées à l'assuré ou à des tiers.

C. Effet à l'égard des tiers

L'annulation d'un acte (d'un contrat) efface cet acte qui est censé n'avoir jamais eu d'existence à partir du jour où l'annulation a pris effet.

Ce jour sera celui de la souscription de la police si celle-ci a été viciée dès l'origine, ou celui du jour où a été faite la réticence ou la fausse déclaration si celle-ci a eu lieu en cours de contrat.

Il en résulte que la nullité est opposable aux tiers (c'est-à-dire, par exemple, aux victimes ou bien aux bénéficiaires d'une assurance souscrite pour compte).

Cette opposabilité peut se révéler lourde de conséquences. Ainsi, par exemple, quand on conduit, avec pourtant l'accord de l'assuré, le véhicule de ce dernier, si sa police d'assurance vient à être annulée à l'occasion de la découverte, après un sinistre, d'une fraude antérieure à celui-ci. En effet, le contrat annulé est censé n'avoir pas existé et il ne peut donc pas y avoir de garantie du conducteur quel qu'il soit.

ADDENDUM

Assurances sur la vie et opérations de capitalisation

Le code des assurances a prévu, à l'art. L.132-18, une disposition particulière dans le cas de réticence ou de fausse déclaration mentionné à l'article L.113-8, que nous venons d'étudier ci-dessus : l'assureur verse, en effet, au contractant une somme égale à la provision mathématique du contrat.

La provision mathématique est « la différence entre les valeurs actuelles des engagements respectivement pris par l'assureur et par les assurés » ; art. R 331-3, du code des assurances.

D'un côté, il y a la valeur des engagements pris par l'assureur-vie pour le futur et, de l'autre, l'engagement des souscripteurs de verser des primes dans le futur ; il existe une différence comptable entre ces deux catégories d'engagements, qui est la provision mathématique, ainsi appelée en raison de son mode de calcul (« *Assurances de personnes*, J. Kullmann : *Répertoire civil Dalloz*, n° 407).

Section 2. Règle proportionnelle de primes et de capitaux

§1. Règle proportionnelle de primes

A. Le principe

Nous avons vu (section précédente, §1, B, « Réticence et fausse déclaration intentionnelles ») qu'il incombe au client qui sollicite la souscription d'une assurance et à l'assuré, tout au long de la durée de son contrat, d'informer exactement l'assureur sur la nature précise du risque à garantir et de déclarer les modifications qui peuvent ultérieurement survenir, dans la mesure où elles aggravent les risques ou en créent de nouveaux.

Au moment de la souscription, la déclaration est facilitée en ce sens qu'il suffit de répondre avec exactitude aux questions posées par l'assureur. A cet effet, ont d'ailleurs été prévus des questionnaires.

Par contre, en cours de contrat, l'assuré doit déclarer toute modification aggravante par rapport à ce qu'il a répondu dans le questionnaire initial (mais, en assurance maladie, l'assuré n'est pas tenu de faire une déclaration lorsque son état de santé se trouve modifié).

Exemples : déclarer le changement de conducteur habituel du véhicule, le changement de son lieu de garage habituel ; déclarer un changement dans l'usage du véhicule, comme une utilisation professionnelle à la place de l'usage déclaré à l'origine. Etc.

Le code des assurances ajoute, à l'article L.113-2, 3°, que «l'assuré doit, par lettre recommandée, déclarer ces circonstances à l'assureur dans un délai de quinze jours à partir du moment où il en a eu connaissance».

Pour le cas de déclaration tardive, c'est-à-dire au-delà du délai de quinze jours, la police d'assurance peut légalement contenir une clause de déchéance que pourra invoquer l'assureur, mais à la condition que ce dernier prouve que le retard à faire la déclaration ci-dessus lui aura causé un préjudice.

En conséquence, soit l'assuré fait sa déclaration d'aggravation dans les quinze jours, soit il la fait avec retard.

Dans la première hypothèse, l'assureur a le choix entre résilier le contrat ou proposer un nouveau taux de prime ou cotisation.

Dans la seconde hypothèse, et en l'absence de survenance d'un sinistre quelconque, l'assureur procède comme ci-dessus (résiliation ou augmentation de prime ou cotisation), parce que, s'il ne le fait pas, l'article L.113-4, 3ème alinéa, du code des assurances, dispose que : « Toutefois, l'assureur ne peut plus se prévaloir de l'aggravation des risques quand, après en avoir été informé de quelque manière que ce soit, il a manifesté son consentement au maintien de l'assurance, spécialement en continuant à recevoir les primes ou en payant, après un sinistre, une indemnité. » Ainsi, dès le paiement de l'échéance suivante de prime ou cotisation, il ne pourrait plus se prévaloir de l'aggravation.

Cependant, si l'assuré fait tardivement sa déclaration et que survienne alors un sinistre avant la régularisation de la situation par l'assureur, celui-ci, si la police d'assurance l'y autorise, pourrait opposer la déchéance de garantie à l'assuré, s'il prouve néanmoins que le retard apporté à faire la déclaration lui a causé un préjudice. Or, la déchéance du droit à la garantie, c'est la non-prise en charge du sinistre par l'assureur : solution particulièrement sévère !

En réalité, la sanction qui précède est, selon M.Groutel, « une bévue commise par le législateur » (*RC et Assurances 1990, chron. 3, spéc. n° 27*), ou une « ineptie », selon M. Kullmann (*Traité de droit des assurances, sous la direction de Jean Bigot, tome 3, n° 987*).

Car, l'assuré qui « oubliera » complètement, mais de bonne foi, de faire une déclaration d'aggravation de risque, même tardive, encourra une sanction moins sévère que la déchéance, sanction qui est l'application de la règle proportionnelle de primes. Sachant, par parenthèse, que s'il est de mauvaise foi, c'est la nullité de la police qui est la sanction encourue.

Qu'est-ce que la règle proportionnelle de primes ?

Selon l'article L.113-9 du code des assurances, celui qui omet, **de bonne foi**, de faire la déclaration d'une aggravation de risque, encourt une réduction de l'indemnité de sinistre en proportion du taux des primes payées, par rapport au taux des primes qui auraient été dues si les risques avaient été complètement et exactement déclarés. A noter qu'il en est de même lorsque, au lieu d'une omission proprement dite, il s'agit d'une déclaration inexacte, faite de bonne foi.

Soit, par exemple, un assuré couvert par sa police auto pour un usage « déplacements privés /promenade », pour lequel il paye une prime ou cotisation d'un montant, par exemple, de 450 euros par an. Il se trouve, en cours de contrat, à avoir besoin d'utiliser temporairement sa voiture personnelle pour des besoins professionnels. Il oublie, en toute bonne foi, d'en informer son assureur et il a malheureusement un accident au cours de cette activité.

Il s'agit d'une aggravation de risque. La prime annuelle ou cotisation aurait dû être, par exemple, de 600 euros. Supposons que l'indemnité due pour la remise en état de la voiture (que l'on suppose avoir été assurée tous risques) soit de 5 000 euros.

L'assuré ne percevra que :

$\frac{450 \times 5000}{600}$ = 3750 euros.

Il supporte donc : 5000 − 3750 = 1250 euros, soit ¼.

La règle proportionnelle de primes ci-dessus est une sanction qui peut se révéler très lourde.

Ainsi, si l'assuré pris dans l'exemple ci-dessus avait tué un piéton, son assureur aurait dû, certes, faire l'avance de la totalité des dommages et intérêts (car, dans cette hypothèse, le code des assurances l'y oblige), mais ensuite, il se serait retourné contre son assuré pour lui demander le remboursement de sa quote-part de ¼, ou 25 %.

A noter, pour terminer que « le droit de la victime contre l'assureur puisant sa source et trouvant sa mesure dans le contrat d'assurance, la réduction de l'indemnité est, sauf exception prévue par la loi ou stipulation contraire du contrat d'assurance, opposable par l'assureur à la victime (▪ *Cass. 3ème civ., 4 juin 2009, n° 07-16647, n°07-16723 et n° 08-16129 : R.G.D.A. 2009, p. 881).*

B. Cas particulier de l'adjonction d'une remorque en assurance automobile obligatoire

L'adjonction d'une remorque à un véhicule terrestre à moteur, lorsqu'elle n'était pas déclarée préalablement à l'assureur, était interprétée comme entraînant une modification du risque assuré, créant un cas de non-assurance.

Cette position prise par la Cour de cassation a paru trop sévère et une réforme est intervenue en 1993, aux termes de laquelle les contrats d'assurance doivent désormais « spécifier les caractéristiques des remorques dont l'adjonction à un véhicule terrestre à moteur ne constitue pas, au sens des articles L 113-4 et L 113-9, une aggravation du risque couvert par le contrat garantissant ce véhicule » (art. R 211-4, du code des assurances, dans sa rédaction de 1993).

Rappelons que l'art. L 113-4 concerne l'aggravation de risque et l'art. L 113-9 la sanction encourue si l'assuré est de bonne foi (règle proportionnelle de primes).

La 1ère chambre civile de la Cour de cassation en déduit que l'adjonction à un véhicule terrestre à moteur d'une remorque non conforme aux prévisions de la police d'assurance « constitue une aggravation du risque couvert » par le contrat garantissant le véhicule terrestre à moteur. Elle ajoute que « l'adjonction de la remorque ne peut être sanctionnée que par la réduction de l'indemnité ». (• *Cass. 1ère civ., 23 mars 2004, n° 01-02627 : R.C. et Ass., 2004, comm. 192*).

A noter, cependant, que la chambre criminelle a précisé, dans un arrêt antérieur, que la sanction de la non-déclaration de la remorque peut être la nullité du contrat d'assurance, en cas de mauvaise foi ; la réduction de l'indemnité ne pouvant s'appliquer qu'en cas de bonne foi de l'assuré. (• *Cass. crim., 7 déc. 1999 : R.C. et Ass., 2000, comm. 131*).

Il convient d'attendre quelle sera la position de la 2ème chambre civile, désormais chargée du contentieux des assurances. Cette chambre ne devrait pas remettre en cause le principe selon lequel il ne peut plus s'agir d'une non-assurance, le débat se situant sur le seul terrain de l'aggravation de risque, qui, en cas de bonne foi de l'assuré ne peut entraîner que l'application de la règle proportionnelle de primes.

C. Cas particulier des polices multirisques

On a vu, à propos de la nullité du contrat d'assurance, que l'annulation peut ne pas être globale, mais être envisagée garantie par garantie, la Cour de cassation précisant que l'application doit se faire par rapport à chaque risque en litige.

Si les différents risques composant une police multirisques sont tarifés séparément dans la police, il est assez aisé de voir quel risque et quelle prime ou cotisation sont concernés. Mais une telle ventilation est certainement rare dans la pratique.

Or, si la prime ou cotisation d'assurance n'est pas ventilée selon les risques couverts, mais globale, c'est l'ensemble de la police qui pourra être considéré comme sous-tarifé.

A la différence de l'annulation, qui est applicable lorsque la mauvaise foi est établie par l'assureur, seule l'application de la règle proportionnelle de primes est encourue lorsque l'assuré est de bonne foi, lorsqu'il n'a pas eu la volonté de tromper l'assureur.

D. Cas particulier des assurances de personnes

Dans les assurances de personnes, l'âge exact de l'assuré peut être une condition de la garantie. Si cet âge véritable se trouve, en effet, en dehors des limites fixées de façon générale pour la souscription des contrats, par l'assureur, l'erreur faite lors de la déclaration entraînera la nullité de l'assurance.

Mais, précise l'article L.132-26 du code des assurances, dans tout autre cas, une erreur de ce genre entraînera l'une ou l'autre conséquence suivante :

- si la prime payée est inférieure à celle qui aurait dû être acquittée, le capital ou la rente garantis seront réduits en proportion de la prime perçue et de celle qui aurait correspondu à l'âge véritable de l'assuré ;
- si, au contraire, par suite d'une erreur sur l'âge de l'assuré, une prime trop forte a été payée, l'assureur est tenu de restituer la portion de prime qu'il a reçue en trop, sans intérêt.

§ 2. Règle proportionnelle de capitaux

Il s'agit du cas où, par exemple, un bâtiment d'une valeur de 150 000 euros est assuré contre l'incendie pour 100 000 euros. S'il survient un sinistre d'un montant de 80 000 euros, quelle somme exacte percevra l'assuré ? Percevra-t-il 80 000 euros, alors qu'il a payé une prime calculée sur une valeur inférieure à la valeur réelle du bâtiment ? Quelle somme percevrait-il si le bâtiment était totalement détruit ?

Le cas a été prévu par l'article L121-5 du code des assurances, ainsi rédigé :

« S'il résulte des estimations que la valeur de la chose assurée excède au jour du sinistre la somme garantie, l'assuré est considéré comme restant son propre assureur pour l'excédent, et supporte, en conséquence, une part proportionnelle du dommage, sauf convention contraire. »

En d'autres termes, il convient de comprendre que celui qui n'assure qu'insuffisamment son bien, ne pourra pas percevoir la même indemnité que s'il l'avait assuré selon sa valeur réelle.

Ainsi, dans l'exemple ci-dessus, si le bâtiment avait brûlé entièrement, l'assuré ne pourrait pas encaisser plus que la valeur assurée correspondant à sa propre déclaration, soit 100 000 euros, les 50 000 euros restant correspondant à la somme qu'il n'a pas voulu faire garantir.

On comprend, en conséquence, que, si le sinistre n'est que partiel, 80 000 euros, selon l'exemple, il y aura participation non seulement de l'assureur, mais aussi de l'assuré au règlement du sinistre, selon une répartition proportionnelle appelée règle proportionnelle de capitaux.

Dans l'exemple envisagé, la répartition sera la suivante :

$$\frac{\text{Valeur assurance} \times \text{perte}}{\text{Valeur réelle}} = \frac{100\ 000 \times 80\ 000}{150\ 000} = 53\ 333 \text{ euros,}$$
à la charge de l'assureur, soit 2/3,

et 80 000 − 53 333 = 26 667 euros, restant à la charge de l'assuré, soit 1/3.

On peut faire observer que la règle proportionnelle de capitaux n'est pas, à proprement parler, une sanction. Il n'y a, en effet, aucune incidence sur l'étendue des obligations de l'assureur qui n'est engagé que dans la limite du plafond assuré, lequel a servi au calcul de la prime. L'assuré n'encourt donc pas de sanction.

Simplement, si l'assuré a été négligent, en ne déclarant pas son bien pour une valeur suffisante, il y aura répercussion sur le montant de l'indemnité qu'il percevra en cas de sinistre.

Toutefois, conscients de la difficulté qu'il y a pour un particulier à évaluer son bien, certains assureurs demandent de déclarer si le bien (une maison individuelle, par exemple) se situe dans telle ou telle « fourchette » de valeur, c'est-à-dire dans telle ou telle tranche préalablement définie et tarifée par lui. Les tranches étant larges, elles évitent l'application d'une règle proportionnelle en cas de sinistre.

Une autre solution se rencontre aussi : l'assureur ne demande pas de déclarer une valeur précise, mais seulement de faire une description du bien à assurer, par exemple le type de l'immeuble, le nombre de pièces principales, etc... Mais, dans ce cas, si l'assuré ne répond pas avec exactitude, il pourra se voir opposer la nullité du contrat pour omission ou fausse déclaration intentionnelle, ou bien la règle proportionnelle de primes s'il n'a pas été de mauvaise foi (voir ci-dessus).

L'assureur a, enfin, la possibilité de renoncer par avance, dans le contrat, à l'application de la règle proportionnelle de capitaux. Cet abandon, prévu par l'article L121-5 du code des assurances, qui mentionne que la règle est édictée sauf convention contraire, est fréquent dans les assurances d'entreprises et se rencontre aussi dans des multirisques de particuliers.

Section 3. Surassurance et assurances cumulatives

§ 1. Surassurance

Il y a surassurance lorsqu'un contrat d'assurance a été souscrit pour une somme supérieure à la valeur de la chose assurée.

Exemple : assurance d'un mobilier ancien et de style, pour une valeur supérieure à la valeur réelle au moment de la souscription.

A. Surassurance non frauduleuse

La surassurance peut être le résultat d'une erreur d'appréciation. Elle peut aussi résulter de diverses causes, comme la diminution de la valeur de la chose, suite à son usage (mais le cas peut avoir été prévu dans la police d'assurance), ou comme la diminution du nombre d'éléments d'un ensemble d'objets assurés : par exemple, quand le propriétaire d'une maison d'habitation donne une partie du mobilier à un enfant pour lui permettre de s'établir.

Le souscripteur pourra être tout à fait de bonne foi, soit parce qu'il aura cru que son mobilier valait plus cher qu'il ne valait en réalité ; soit parce qu'il n'aura pas pensé, après s'être séparé d'une partie de ses meubles, à faire revoir sa police d'assurance.

En cas de surassurance non frauduleuse, l'article L.121-3 du code des assurances précise que le contrat est valable jusqu'à concurrence de la valeur réelle des objets assurés.

Lors de la régularisation par l'assureur, sur demande de l'assuré (qui doit établir au moment de sa demande qu'il y a effectivement surassurance), l'assureur conserve les primes échues et a droit à la prime en cours. Par contre, les primes ou cotisations postérieures doivent être réduites, car l'assureur n'a pas droit aux primes ou cotisations pour l'excédent de valeur.

En cas de sinistre, avant régularisation du contrat, l'indemnité due par l'assureur ne pourra pas dépasser le montant de la valeur (réelle) de la chose assurée au moment du sinistre. L'assuré, qui ne peut faire de bénéfice à cette occasion, ne pourra donc que regretter d'avoir payé plus cher qu'il ne le fallait, pour son assurance.

B. Surassurance frauduleuse

C'est toujours l'hypothèse de la souscription d'un contrat d'assurance pour une somme supérieure à la valeur de la chose assurée. Mais, cette surassurance a été voulue par l'assuré, dans le but d'en retirer ultérieurement un bénéfice illicite.

Exemple :

La Cour de cassation approuve une cour d'appel d'avoir retenu la surassurance frauduleuse « en relevant qu'une voiture, acquise d'occasion pour un certain prix, a été assurée pour une somme trois fois supérieure, ainsi que le caractère frauduleux de cette surassurance, en constatant non seulement le comportement suspect de l'assuré en d'autres circonstances, mais aussi le fait qu'en souscrivant la police litigieuse, il avait mensongèrement affirmé que la voiture n'avait pas encore été immatriculée dans le département et qu'il n'avait pas déjà été assuré, qu'il avait déclaré une valeur vénale sans toutefois en être certain, alors « qu'aucune vérification n'était possible, s'agissant d'un véhicule déjà ancien, peu répandu et non coté à l'Argus » et qu'enfin il avait indiqué à un expert privé un prix plus élevé que le prix réel ». *(• Cass. 1ère civ., 23 avril 1969 : Dalloz 1969. somm. 97).*

L'article L121-3 du code des assurances prévoit que l'assureur peut demander la nullité de l'assurance et réclamer, en outre, des dommages-intérêts.

Mais, en pratique, l'assureur ne demande pas la nullité du contrat car il n'a généralement pas connaissance d'une fraude avant la survenance d'un sinistre, s'étant borné à enregistrer la déclaration de valeur faite par l'assuré, valeur qui pouvait sembler plausible.

Sachant que, suite à un sinistre, l'assuré exagérera donc de façon frauduleuse le montant du dommage réellement subi, l'assureur pourra réagir de deux manières : *soit,* l'assureur invoquera une clause de déchéance de garantie, souvent prévue dans les contrats en cas d'exagération frauduleuse de la réclamation de l'assuré (voir ci après l'étude des déchéances) ; *soit,* l'assureur déposera plainte pour tentative d'escroquerie, s'il dispose de preuves suffisantes contre l'assuré, car il ne faut pas oublier que toute surassurance n'est pas nécessairement frauduleuse (il devra prouver l'intention frauduleuse, pouvant résulter de circonstances et d'un comportement particuliers).

De toute façon, si l'assureur ne parvient pas à réunir les indices ou preuves démontrant une exagération frauduleuse, l'assuré ne saurait pour autant percevoir plus que la valeur réelle de la chose assurée, au moment du sinistre. C'est alors le rôle de l'expert technique, qui aura été désigné, d'établir par tout moyen cette valeur.

§ 2. Assurances cumulatives

Le code des assurances définit ainsi les assurances cumulatives : art. L.121-4, « *Celui qui est assuré auprès de plusieurs assureurs par plusieurs polices, pour un même intérêt, contre un même risque,* .... »

Pendant longtemps, on a pensé qu'il pouvait y avoir assurances cumulatives si les assurances concernées étaient souscrites par des souscripteurs différents, pourvu qu'il y eût même intérêt et même risque.

L'intérêt à l'assurance : c'est le besoin que l'on peut éprouver de s'assurer. Ainsi, le propriétaire d'une marchandise confiée à un dépositaire peut avoir intérêt à la faire assurer et ce dépositaire a, quant à lui, intérêt à faire assurer sa responsabilité de dépositaire. Ce sont là deux intérêts différents concernant un même bien.

Mais, depuis un arrêt rendu le 21 novembre 2000, la Cour de cassation décide que « les dispositions de l'article L 121-4 du code des assurances, relatives au cumul d'assurance, ne sont applicables que si un même souscripteur a souscrit auprès de plusieurs assureurs des contrats d'assurance pour un même intérêt et contre un même risque » (• *Cass. 1ère civ., 21 nov. 2000 : RC et Ass., 2001, Chron. 5, Groutel et* • *Cass. 2ème civ., 17 févr. 2005, n° 03-14402 : RC et Ass., 2005, comm. 171)*.

Il ne pourra donc pas y avoir assurances cumulatives s'il n'y a pas eu souscription par un même souscripteur. Et, pourtant, le texte de l'article L 121-4, du code des assurances, mentionne « celui qui est assuré » et non celui qui « souscrit ».

M. Groutel, dans ses observations sur l'arrêt ci-dessus du 21 nov. 2000, et et sur un arrêt suivant *(• Cass. 1ère civ., 29 oct. 2002 : RC et Ass., 2003, comm. 57, note Groutel)* précise qu'il convient cependant de réserver le cas où l'une des deux assurances en concours a été souscrite pour le compte du souscripteur de l'autre assurance : ainsi, l'assurance souscrite par le dépositaire d'une marchandise, pour le compte du propriétaire de cette marchandise, et l'assurance souscrite par ce propriétaire.

On pourrait citer d'autres exemples :
- assurance automobile du vendeur garantissant l'acquéreur du véhicule jusqu'au lendemain à zéro heure du jour de la vente et assurance souscrite par l'acheteur à effet du jour de la vente à zéro heure ;

- assurance multirisques habitation garantissant à l'année la responsabilité des parents et de leurs jeunes enfants, quelle que soit l'activité scolaire, parascolaire ou non, de ces derniers et assurance scolaire, souscrite par un établissement, garantissant notamment la responsabilité de ces enfants pendant leurs activités scolaires et parascolaires.

S'il n'y a pas cumul, il faudra bien décider, comme l'écrit M. Groutel, que l'une des deux assurances n'interviendra qu'à titre subsidiaire par rapport à l'autre (c'est-à-dire en cas d'absence ou d'insuffisance de garantie), subsidiarité pouvant, d'ailleurs, être prévue par un assureur dans sa police.

Dans le cas d'assurances cumulatives ainsi définies, le code des assurances impose au souscripteur de faire une déclaration à chacun des assureurs concernés : donner le nom de l'assureur avec lequel une autre assurance a été contractée et indiquer la somme assurée. Les déclarations se font au moment de la souscription du second contrat et, ensuite, au moment de la souscription du contrat suivant.

Aucun délai particulier n'est prévu, sinon que la déclaration doit être faite « immédiatement », ni aucune sanction particulière, par le code des assurances.

Mais, au plus tard, au moment de la déclaration d'un sinistre, l'assuré doit déclarer les assurances multiples dont il bénéficie, de façon à ne pas profiter frauduleusement de règlements multiples dont le cumul dépasserait la valeur réelle de la chose assurée.

En effet, lorsqu'il n'y a pas fraude, l'assuré bénéficiaire, qui peut s'adresser à l'assureur de son choix, bénéficie de la garantie de la police dans les limites de celle-ci et dans le respect du principe dit indemnitaire (principe selon lequel « l'indemnité due par l'assureur à l'assuré ne peut pas dépasser le montant de la valeur de la chose assurée au moment du sinistre », art. L.121-1 du code des assurances).

Dans l'assurance des risques de catastrophes naturelles, les clauses types (art. A. 125-1, annexe 1, du code des assurances) prévoient :

« Quand plusieurs assurances contractées par l'assuré peuvent permettre la réparation des dommages matériels directs non assurables résultant de l'intensité anormale d'un agent naturel, l'assuré doit, en cas de sinistre et dans le délai mentionné au précédent alinéa (c'est-à-dire, au plus tard dans les 10 jours suivant la publication de l'arrêté constatant l'état de catastrophe naturelle), déclarer l'existence de ces assurances aux assureurs intéressés. Dans le même délai, il déclare le sinistre à l'assureur de son choix. »

Par contre, s'il y a fraude, s'appliquent les sanctions édictées pour le cas de surassurance frauduleuse : nullité et dommages-intérêts.

Enfin, il convient d'ajouter que les règles concernant les assurances cumulatives ne s'appliquent pas aux assurances de personnes (assurances sur la vie et assurances contre les accidents corporels, sauf pour les prestations telles que les frais de soin) : ainsi, l'on peut souscrire plusieurs contrats d'assurance vie, même importants si l'on en a les moyens, ou souscrire plusieurs contrats garantissant, par exemple, les risques décès et incapacité permanente en cas d'accident corporel, sans être tenu de faire les déclarations prévues pour les assurances cumulatives.

Toutefois, l'assureur « est en droit, à l'occasion de la souscription d'une assurance contre les accidents atteignant les personnes, de demander à l'assuré, pour se former une exacte opinion du risque qu'il accepte de couvrir, de l'informer des autres polices qu'il a pu souscrire » (• *Cass.* 1ère *civ.*, 31 mars 1998 : R.G.D.A. 1998, page 303).

Ce droit de l'assureur ne découle pas des règles sur les assurances cumulatives, mais des règles imposant à l'assuré de déclarer exactement le risque qu'il veut faire garantir (sous peine de la sanction de la nullité du contrat, ou d'application de la règle proportionnelle de primes, en cas de fausse déclaration intentionnelle ou non-intentionnelle : voir ci-dessus « nullité » et « règle proportionnelle de primes »).

2

Sanctions encourues pendant la vie de la police d'assurance

Section 1. Les déchéances

Définition : la déchéance est une sanction ayant pour effet de priver l'assuré de son droit à garantie ou à indemnité, par suite du non respect, de sa part, d'une obligation que le contrat lui imposait.

La clause de déchéance doit, comme on l'a indiqué dans l'introduction, être rédigée en caractères très apparents dans la police d'assurance.

Si le manquement de l'assuré est dû à un cas de force majeure, la déchéance n'est pas applicable. Pour mémoire, est un cas de force majeure tout événement non imputable à l'assuré, normalement imprévisible et auquel il ne pouvait pas s'opposer, c'est-à-dire irrésistible.

§ 1. Validité de principe d'une clause de déchéance

Les clauses de déchéances sont, a priori, valables, si elles ne sont pas spécialement interdites par la loi.

Ainsi, l'a rappelé la Cour de cassation dans un arrêt rendu le 2 juillet 1996 : «...les parties peuvent librement stipuler, dans un contrat d'assurance, les clauses de déchéance qui ne sont pas interdites par la loi » (• *Cass. 1ère civ., 2 juillet 1996* : R.G.D.A. *1997, page 106).*

Exemple : la déchéance pour exagération frauduleuse des conséquences d'un sinistre.

Un arrêt de 1990 est un exemple d'application de la déchéance au cas d'un assuré contre le vol réclamant à son assureur « une indemnité calculée sur un prix plus élevé que celui auquel il avait acquis le véhicule » (• *Cass. 1ère civ., 27 mars 1990* : RC *et Ass., 1990, comm. 218).*

Toutefois, la Cour de Cassation précise que les manquements de l'assuré, lorsqu'ils sont antérieurs au sinistre, ne constituent pas une déchéance, mais une exclusion de garantie (• *Cass. 3ème civ., 17 oct. 2007, n° 06-17608* : JCP G *2007. II. 10199, note Karila).* Mais, ce ne sera, peut-être, qu'une décision isolée, car elle a été contredite six mois après par un arrêt du 10 avril 2008 (• *Cass. 2ème civ., 10 avril 2008, n° 07-12028* : R.G.D.A. *2008, p. 909, note Kullmann)* : l'absence de gardiennage constatée avant sinistre, entraîne application de la clause de déchéance de garantie.

§ 2. Les clauses de déchéance réglementées

C'est, en premier lieu, la déchéance pour déclaration tardive de circonstances survenues en cours de contrat et qui aggravent les risques ou en créent de nouveaux. Ce cas a été examiné ci-dessus, chapitre 1, section 2, §1, « Règle proportionnelle de primes » : il convient de s'y reporter.

Il s'agit, aussi, en second lieu, de la déchéance pour déclaration tardive de sinistre.

L'assuré dispose, en effet, d'un minimum de 5 jours ouvrés (2 jours ouvrés en cas de vol) pour faire sa déclaration de sinistre. L'article L. 113-2 du code des assurances précise que le contrat d'assurance peut prévoir des délais plus longs. Mais, en pratique, cette faculté ne semble pas être utilisée dans les polices d'assurance couvrant les risques des particuliers.

En cas de déclaration tardive, l'article ci-dessus du code des assurances impose cependant à l'assureur, pour opposer la déchéance à l'assuré, « d'établir que le retard dans la déclaration lui a causé un préjudice ».

Tout retard n'entraînera donc pas un préjudice, ni une déchéance.

En pratique, il y aura préjudice, par exemple, lorsque l'assureur démontrera que le retard l'aura empêché de prendre des précautions qui auraient limité le coût final du sinistre, ou l'aura empêché d'assister à une expertise et d'y faire valoir ses arguments.

A noter que, pour les sinistres catastrophes naturelles, l'assuré doit faire sa déclaration au plus tard dans les 10 jours suivant la date de publication de l'arrêté de catastrophe naturelle.

§ 3. Les clauses de déchéance interdites

L'article L.113-11 du code des assurances est ainsi rédigé :

« Sont nulles :

« 1° Toutes clauses générales frappant de déchéance l'assuré en cas de violation des lois ou des règlements, à moins que cette violation ne constitue un crime ou un délit intentionnel ;

« 2° Toutes clauses frappant de déchéance l'assuré à raison de **simple retard** apporté par lui à la déclaration du sinistre aux autorités ou à des productions de pièces, sans préjudice du droit pour l'assureur de réclamer une indemnité proportionnée au dommage que ce retard lui a causé ».

Revenons sur cet article.

L'assurance de responsabilité, par exemple, a pour objet de garantir l'assuré s'il commet, notamment, une faute causant un préjudice à autrui. Ainsi, le conducteur qui refuse la priorité à un tiers, à un carrefour, peut blesser ou tuer ce dernier. Il aura commis une ou même plusieurs infractions pour lesquelles il sera poursuivi devant le tribunal. Mais, il ne sera pas déchu de son droit à garantie, car ses fautes n'étaient pas intentionnelles (s'il a bien voulu le non-respect de la priorité, il n'a pas voulu l'accident qui s'en est suivi et qui a causé des dommages au tiers). L'assureur ne peut prévoir une déchéance en cas de violation des lois ou règlements, si cette violation n'est pas intentionnelle.

Dans le cas de faute intentionnelle, l'article L.113-1, 2ème alinéa, prévoit, toutefois, une non-garantie pure et simple. Point n'est donc besoin de prévoir une clause de déchéance dans ce cas.

Il n'y aura pas, non plus, déchéance en cas de déclaration tardive de sinistre aux autorités, ou en cas de transmission tardive de pièces à l'assureur.

Les situations visées sont, en particulier, la déclaration d'un vol aux autorités de police et la remise, à l'assureur, des réclamations, pièces confiées à l'assuré par la victime, assignations et tous actes judiciaires ou d'huissier, notamment.

Cependant, l'assureur pourra établir que le retard, imputable à l'assuré, lui a causé un préjudice, afin de pouvoir réclamer une indemnité à cet assuré, indemnité proportionnée au dommage.

En pratique, ce doit être assez rare.

A noter, cependant, s'il ne s'agit pas d'un « simple retard », mais d'un retard abusif ou même d'un défaut de déclaration aux autorités, que la police d'assurance pourra, dans cette hypothèse, prévoir une déchéance.

On suppose, néanmoins, que l'assuré qui a payé une prime ou cotisation, pour bénéficier de la garantie en cas de sinistre, collaborera le plus possible avec son assureur pour que ce dernier assume la prise en charge du sinistre et de ses conséquences !

Enfin, pour être complet, il convient de mentionner, dans le cas des déchéances interdites, le second alinéa de l'article L.113-17 du code des assurances qui précise que « L'assuré n'encourt aucune déchéance ni aucune autre sanction du fait de son immixtion dans la direction du procès s'il avait intérêt à le faire ».

Cette hypothèse suppose qu'un procès ait été intenté à l'assuré par un tiers qui, généralement, recherchera sa responsabilité dans la réalisation d'un sinistre ayant pu causer des dommages à l'un et à l'autre. L'assuré, bénéficiant de la garantie de son assureur, est défendu par ce dernier qui prend la direction du procès. Cependant, l'assuré peut estimer que la responsabilité du tiers est également engagée et souhaiter intervenir pour réclamer la réparation de ses propres dommages. Son intervention, par l'intermédiaire, en pratique, de son avocat personnel, n'est pas répréhensible puisqu'il avait intérêt à la faire.

Signalons que, en fait, le problème est résolu d'avance, car les contrats d'assurance contiennent des clauses de défense/recours, en application desquelles l'assureur non seulement prend la direction du procès, mais aussi présente le recours de l'assuré sans frais pour ce dernier.

§ 4. Les clauses de déchéances conditionnelles

Ce sont des clauses qui sont valables à condition de ne pas porter sur une garantie obligatoire pour laquelle un texte légal ou réglementaire les prohiberait.

Il s'agit essentiellement de l'article L.211-6 du code des assurances, relatif à l'assurance automobile obligatoire et qui est ainsi rédigé : « Est réputée non écrite toute clause stipulant la déchéance de la garantie de l'assuré en cas de condamnation pour conduite en état d'ivresse, ou sous l'empire d'un état alcoolique, ou pour conduite après usage de substances ou plantes classées comme stupéfiants ».

Il faut en déduire que, même en cas de « condamnation » par un tribunal, pour conduite en état d'ivresse, ou sous l'empire de l'alcool ou de la drogue, il n'y aura pas déchéance de la garantie de l'assurance.

L'assuré ne subira donc que des sanctions pénales (prison, amende, retrait/suspension/retrait de points de son permis). Mais les dommages aux tiers, corporels ou matériels, seront pris en charge par son assureur, car l'assurance automobile obligatoire a pour objet de garantir les conséquences de la responsabilité de l'assuré à l'égard des tiers.

Par contre, en dehors de l'interdiction ci-dessus, l'assureur retrouve la liberté de stipuler une déchéance de garantie, spécialement en assurance automobile, pour la garantie dommages au véhicule de l'assuré, cette garantie n'étant pas obligatoire.

Il peut, ainsi, prévoir une clause de déchéance en cas de conduite en état d'ivresse, ou sous l'empire de l'alcool ou de la drogue : soit après condamnation par un tribunal, soit même en l'absence de condamnation, mais alors, en définissant clairement dans la clause ce qu'il faut entendre par état d'ivresse, ou être sous l'empire de l'alcool ou de la drogue.

Il convient, en effet, de ne pas perdre de vue qu'une déchéance est une sanction et que, comme pour toute sanction, ses conditions de mise en œuvre doivent être préalablement définies de façon claire et précise, la clause elle-même devant être mentionnée en caractères très apparents.

En dehors de l'assurance automobile, par exemple en assurance de personne ayant pour objet de garantir un assuré contre les accidents corporels de la vie privée, quelle qu'en soit la cause, la police d'assurance peut contenir une clause précisant qu'il y aura déchéance des garanties qu'elle contient (capital décès, indemnité forfaitaire en cas d'incapacité permanente,...) si l'assuré était en état d'ivresse, ou sous l'empire d'un état alcoolique, ou sous influence de stupéfiants, même en l'absence de condamnation par un tribunal, ces cas étant strictement définis et délimités dans le contrat.

§ 5. Les clauses de déchéance inopposables aux tiers

La déchéance du droit à la garantie, à l'occasion d'un sinistre, est une sanction sévère qui, dans les assurances de responsabilité, préjudicie aux droits des tiers-victimes si aucun assouplissement n'est possible.

C'est pourquoi, le code des assurances a prévu de manière générale, dans son article R. 124-1 que :

« Les polices d'assurance garantissant des risques de responsabilité civile doivent prévoir qu'en ce qui concerne cette garantie aucune déchéance motivée par un manquement de l'assuré à ses obligations commis postérieurement au sinistre ne sera opposable aux personnes lésées ou à leurs ayants droit. »

(Il ajoute, même, de façon plus catégorique, que « les polices d'assurance contre les accidents du travail doivent spécifier que l'assureur ne peut opposer aucune déchéance aux victimes ou à leurs ayants droit. »)

La justification est, qu'en cas de sinistre causant des dommages à des tiers et dont l'assuré est responsable, le droit à indemnisation des tiers contre l'assuré et aussi contre son assureur naît à l'instant même de la survenance du sinistre.

Aussi, le droit ci-dessus ne saurait être affecté par le comportement de l'assuré ultérieurement au sinistre.

Ainsi, par exemple, si l'assuré oublie de faire sa déclaration d'accident à son assureur, ce seul manquement ne pourra empêcher les victimes de se faire indemniser par cet assureur.

Spécialement, en assurance de responsabilité automobile obligatoire, l'art. R. 211-13, du code des assurances, précise que les déchéances, à l'exception de la suspension régulière de la garantie pour non paiement de prime ou cotisation, ne sont pas opposables aux victimes ou à leurs ayants droit. Il ajoute, qu'après avoir indemnisé la ou les victimes, l'assureur pourra se retourner contre le responsable pour lui demander de le rembourser.

La non-opposabilité n'est édictée que dans l'intérêt des tiers, non dans celui de l'assuré, ou du responsable, qui devra supporter la charge finale des conséquences de la déchéance.

Section 2. Le non-paiement de la prime ou cotisation

Tout souscripteur d'un contrat d'assurance doit, évidemment, payer la prime ou cotisation à chaque échéance.

Généralement, la périodicité du paiement est annuelle, à moins que le souscripteur n'ait obtenu un fractionnement qui pourra être trimestriel ou semestriel, ou qu'il n'ait opté, si sa Compagnie le lui a proposé, pour un prélèvement automatique mensuel.

A chaque échéance annuelle l'assureur avise l'assuré de la date d'échéance et du montant de la somme dont ce dernier est redevable. Il le fait, en pratique, par l'envoi d'un document appelé avis d'échéance.

L'assuré dispose alors d'un délai de 10 jours, à dater de l'échéance, pour payer sa prime ou cotisation.

S'il ne le fait pas, il s'expose à la mise en œuvre, par son assureur, de la procédure de suspension-résiliation de son contrat.

§ 1. Suspension-résiliation

Si la prime ou cotisation n'est pas payée dans les 10 jours de son échéance, l'assureur peut envoyer à son assuré, ou à la personne chargée du paiement des primes, à leur dernier domicile connu de lui, une lettre recommandée.

C'est à partir de la date d'envoi de la lettre recommandée (cachet de la poste) que court alors un délai de 30 jours, à l'issue duquel la garantie du contrat sera suspendue de façon automatique.

Exemples :

- L.R. envoyée le 15 avril, suspension le 15 mai à 24 H 00 ;
- L.R. envoyée le 15 juillet, suspension le 14 août à 24 H 00.

Mais, si le dernier jour du délai est un samedi, un dimanche, un jour férié ou chômé, le délai est prolongé jusqu'au premier jour ouvrable suivant, selon un arrêt de la Cour de cassation qui précise que le calcul est fait conformément aux règles posées par le code de procédure civile, spécialement par son article 642 (* Cass. 1*ère* civ., 22 janvier 2002 : R.G.D.A. 2002, p. 391).

Depuis une modification apportée par un décret du 22 déc. 1992, à l'article R 113-1 du code des assurances, la lettre recommandée de mise en demeure de payer la prime due n'est plus tenue de rappeler « le montant et la date d'échéance de la prime » concernée.

A noter aussi, que, lorsque la prime annuelle a été fractionnée, la suspension de la garantie, intervenue en cas de non-paiement d'une des fractions de prime, produit ses effets jusqu'à l'expiration de la période annuelle considérée, c'est-à-dire jusqu'à la fin de l'année d'assurance. Passé ce délai, l'assuré, dont la prime était fractionnée, retrouve le bénéfice de sa garantie, l'assureur devant recommencer les formalités pour l'avenir si l'assuré persiste à ne pas payer (à moins que l'assureur n'ait résilié entre-temps la police, comme nous le verrons plus loin !).

La suspension de la garantie, qui intervient automatiquement à l'expiration du délai ci-dessus de 30 jours, ne dispense pas l'assuré de payer sa prime ou cotisation d'assurance, alors que l'assureur ne sera pas tenu de prendre en charge les sinistres qui surviendront.

Au besoin, l'assuré pourra être contraint de s'acquitter de sa dette par voie de justice, avec les intérêts de retard et tous les frais que la procédure entraînera.

Le code des assurances permet aussi à l'assureur de résilier le contrat 10 jours après l'expiration du délai de 30 jours, si la prime due n'a pas été payée.

L'assuré récalcitrant s'expose donc à une résiliation 40 jours après l'envoi de la mise en demeure, si l'assureur a expressément mentionné dans celle-ci que le contrat sera résilié 10 jours après le délai de 30 jours.

L'assureur peut aussi notifier la résiliation du contrat par une nouvelle lettre recommandée, envoyée après la mise en demeure, résiliation qui deviendra effective après le délai de 10 jours ci-dessus, courant dès après la fin du délai de 30 jours, si cette nouvelle lettre a été envoyée avant la fin de ce dernier délai.

Si la nouvelle lettre recommandée est envoyée après la suspension du contrat, la résiliation interviendra 10 jours après la date d'envoi, à moins que, si l'on se trouve plus de 40 jours après l'envoi de la mise en demeure, les tribunaux n'estiment que le délai de 10 jours a déjà couru et qu'il n'y a pas lieu de le faire courir à nouveau au-delà de ces 40 jours.

§ 2. Remise en vigueur d'un contrat non résilié

L'assuré, mis en demeure de payer sa prime ou cotisation échue, peut régler celle-ci sans attendre que la résiliation n'intervienne après expiration des délais de 30 jours et de 10 jours (voir ci-dessus).

Le code des assurances précise à l'article L. 113-3, 4ème alinéa : « Le contrat non résilié reprend pour l'avenir ses effets, à midi le lendemain du jour où ont été payés à l'assureur ou au mandataire désigné par lui à cet effet, la prime arriérée ou, en cas de fractionnement de la prime annuelle, les fractions de prime ayant fait l'objet de la mise en demeure et celles venues à échéance pendant la période de suspension ainsi que, éventuellement, les frais de poursuites et de recouvrement. »

Seul, un paiement intégral de la prime due (et des frais éventuels) permet au contrat de reprendre, pour l'avenir, ses effets, un acompte n'étant pas suffisant.

Le paiement est habituellement fait au moyen d'un chèque à adresser à l'assureur ou à son agent général.

La remise en vigueur de la garantie suspendue, mais non encore résiliée, dépendra de la date d'envoi ou de remise du chèque. Si cette date est postérieure à la date du chèque, il appartiendra à l'assureur d'établir ce fait, en produisant, par exemple, l'enveloppe sur laquelle figure le cachet de la poste et en refusant d'encaisser le chèque antidaté.

Exemple : dans une affaire soumise à la Cour de cassation, le chèque était daté du 18 octobre 1997, le sinistre était survenu le 22 octobre 1997 et le chèque avait été encaissé le 5 novembre 1997. La Cour déclare qu'il incombe à l'assureur « qui avait accepté, puis encaissé le chèque daté du 18 octobre 1997, de démontrer que cet effet lui avait été remis ou adressé à une date postérieure au 22 octobre 1997 » (▪ *Cass. 2ᵉ civ., du 22 janv. 2004, n° 02-20408 : RC et Ass. 2004, comm. 119, note Groutel*).

M. Groutel signale dans sa note que la 2ᵉᵐᵉ chambre civile, chargée désormais des problèmes d'assurance, maintient la jurisprudence antérieure de la 1ᵉʳᵉ chambre civile (▪ *Cass. 1ère civ., 22 janv. 2002 : R.G.D.A. 2002, p. 394*).

Toutefois, dans un arrêt rendu le 5 octobre 2006, la 2ᵉᵐᵉ chambre civile procède à un revirement en décidant que, en cas de litige avec l'assureur sur la date du paiement, c'est à l'assuré qu'il incombe de prouver quand le paiement a été fait (▪ *Cass. 2ᵉ civ., 5 oct. 2006, n° 05-10786 : RC et Ass. 2006, comm. 385*).

Cet arrêt du 5 octobre 2006 paraît néanmoins être isolé car il est contredit par un autre arrêt rendu en sens contraire (■ *Cass. 2ᵉ civ., 16 nov. 2006, n° 05-18768 : RC et Ass. 2007, comm. 103).* De plus, la même chambre, le 22 janvier 2009, rejette le pourvoi contre un arrêt d'appel qui avait jugé que « lorsque le chèque de paiement d'une cotisation est envoyé par voie postale ordinaire, ce qui est le cas en l'espèce, la date de remise est présumée être celle figurant sur le chèque, et il appartient à l'assureur, s'il l'a accepté et encaissé, de prouver qu'il lui a été remis ou adressé à une date postérieure » *(■ Cass. 2ᵉ civ., 22 janv. 2009, n° 08-10682 : R.G.D.A. 2009, p. 483).*

Pour éviter d'éventuelles procédures, toujours onéreuses, il suffit, à notre avis, bien que ce ne soit pas obligatoire, d'envoyer son chèque par courrier recommandé et de conserver le récépissé postal (et si on fait l'envoi en Rec.+ A.R., il n'y aura plus aucune possibilité de contestation puisque la date de remise sera non seulement établie, mais encore incontestable).

Par contre, il est bien évident que le chèque ne produira aucun effet quant à la garantie s'il est sans provision.

Enfin, le contrat remis régulièrement en vigueur, le lendemain à midi de l'envoi ou de la remise du chèque, reprend son cours, sans que, malgré la suspension intervenue, changent sa durée et sa date d'échéance initialement prévues.

S'il est survenu un sinistre pendant la période de suspension, il ne sera pas garanti, sanction opposable à l'assuré et aux tiers, même dans le cadre de l'assurance automobile (à moins que, dans ce dernier cas, les tribunaux ne fassent prévaloir l'article L. 211-20 du code des assurances, selon lequel « lorsque l'assureur invoque une exception de garantie légale ou contractuelle », il est tenu de faire une offre d'indemnisation à la victime et ce « pour le compte de qui il appartiendra ») .

§ 3. Paiement de la prime postérieur à la résiliation

Malgré la résiliation du contrat d'assurance pour non paiement de la prime, l'assureur conserve le droit de poursuivre l'exécution du contrat en justice, c'est-à-dire de réclamer par la contrainte le paiement de la prime échue et non payée.

Si le client paye spontanément la prime arriérée, après résiliation, son paiement ne fait pas revivre le contrat, même si l'assureur procède à l'encaissement du moyen de paiement sans faire de réserves.

Il n'en irait autrement que si le client établissait un fait matériel de l'assureur prouvant que ce dernier aurait renoncé à la résiliation.

Lorsque l'assureur met en œuvre la procédure de suspension/résiliation, il doit, toutefois, «attirer l'attention de l'assuré sur les conséquences **précises** du non-paiement intégral de la prime et sur son intention de procéder à la résiliation » (■ *Cass. 2ᵉ civ., 20 déc. 2007, n° 06-21455 : R.G.D.A. 2008, p. 76).* A défaut, il engagerait sa responsabilité. En l'espèce, la position de l'assureur exprimée dans sa lettre de mise en demeure n'était pas claire et il n'appartenait pas à l'assuré de se renseigner sur ses intentions.

§ 4. Assurances de groupe

L'article L 140-3 du code des assurances, renuméroté actuellement sous le n° L 141-3) prévoit le cas d'un adhérent à une assurance de groupe qui cesse de payer sa prime. Dans cette hypothèse « l'exclusion ne peut intervenir qu'au terme d'un délai de 40 jours à compter de l'envoi, par le souscripteur (de la police d'assurance de groupe), d'une lettre recommandée de mise en demeure. Cette lettre ne peut être envoyée que 10 jours au plus tôt après la date à laquelle les sommes dues doivent être payées. »

L'article qui précède ajoute que « lors de la mise en demeure, le souscripteur informe l'adhérent qu'à l'expiration du délai prévu à l'alinéa précédent (ci-dessus), le défaut de paiement de la prime est susceptible d'entraîner son exclusion du contrat. »

Un arrêt du 12 oct. 2004 de la Cour de cassation est venu apporter une précision :

Il s'agissait d'une affaire dans laquelle la cour d'appel avait considéré comme nulle une mise en demeure adressée à l'adhérent par le souscripteur au motif qu'elle n'aurait pas été suivie de la notification de l'exclusion de l'adhérent, alors qu'elle précisait que le non-paiement ferait perdre le bénéfice du contrat.

Il est vrai que l'article L 141-3 du code des assurances demande seulement que la mise en demeure informe l'adhérent d'une possibilité d'exclusion.

La cour d'appel en avait déduit la nécessité de procéder en deux temps : mise en demeure et, ultérieurement, exclusion du contrat.

La Cour de cassation a cassé l'arrêt de la cour d'appel en disant qu'il faut comprendre l'article L 141-3, alinéas 2 et 3 du code des assurances, de la manière suivante : « le souscripteur peut, lors de la mise en demeure adressée à l'adhérent qui a cessé de payer la prime, informer simultanément celui-ci que le défaut de paiement au terme du délai légal **entraînera** son exclusion du contrat. » (*« Cass. 1ère civ., 12 oct. 2004, n° 02-12564 : RC et Ass., 2005, comm.41*). En l'espèce, la mise en demeure précisait que le non-paiement de la cotisation dans le délai ferait perdre à l'adhérent le bénéfice du contrat d'assurance, ce qui était suffisant.

Les formalités prévues par l'article L 141-3 du code des assurances sont-elles impératives ? On pourrait en douter, à la suite d'un arrêt rendu le 10 juillet 2008, par la 2ème chambre civile de la Cour de Cassation. Dans cette affaire, une clause prévoyait que « la garantie prend également fin en cas de non-remboursement du prêt et non-paiement des cotisations ». Selon la Cour de Cassation, la garantie cesse lorsque les deux conditions sont réunies (non-remboursement même partiel du prêt et défaut de paiement des cotisations), « sans qu'il y ait lieu d'utiliser la procédure de résiliation de l'article L 140-3, devenu l'article L 141-3 du code des assurances » (▪ *Cass. 2ère civ., 10 juill. 2008, n° 07-17392 : R.G.D.A. 2008, p. 991*).

Mais, là encore, il ne s'agira vraisemblablement que d'une décision destinée à rester isolée, car une ordonnance du 30 janvier 2009 a rendu impératives les dispositions du titre IV du livre 1er du code des assurances, dont fait partie l'article L141-3 (voir art. L111-2, modifié).

ADDENDUM

Le code des assurances dispose, dans son article L.113-3, que la procédure de mise en demeure/suspension/résiliation n'est pas applicable aux assurances sur la vie. Les assurances vie-capitalisation étant exclues de la présente étude, nous nous bornons à reproduire l'article L.132-20 du code des assurances qui énonce des règles spéciales, soit :

« Art. L.132-20. L'entreprise d'assurance ou de capitalisation n'a pas d'action pour exiger le paiement des primes.

Lorsqu'une prime ou fraction de prime n'est pas payée dans les dix jours de son échéance, l'assureur adresse au contractant une lettre recommandée par laquelle il l'informe qu'à l'expiration d'un délai de quarante jours à dater de l'envoi de cette lettre le défaut de paiement, à l'assureur ou au mandataire désigné par lui, de la prime ou fraction de prime échue ainsi que des primes éventuellement venues à échéance au cours dudit délai, entraîne soit la résiliation du contrat en cas d'inexistence ou d'insuffisance de la valeur de rachat, soit la réduction du contrat.

L'envoi de la lettre recommandée par l'assureur rend la prime portable dans tous les cas.

Le défaut de paiement d'une cotisation due au titre d'un contrat de capitalisation ne peut avoir pour sanction que la suspension ou la résiliation pure et simple du contrat et, dans ce dernier cas, la mise à la disposition du porteur de la valeur de rachat que ledit contrat a éventuellement acquise. »

Section 3. Les « exclusions-sanctions »

Le titre de ce paragraphe peut heurter, à première vue, car, effectivement, une exclusion n'est pas, à vrai dire, une sanction : c'est un risque que l'assureur n'a pas à garantir, ou n'entend pas garantir.

La Cour de Cassation donne la définition suivante : « la clause d'exclusion est une clause qui prive l'assuré du bénéfice de la garantie des risques en considération des circonstances particulières de réalisation du risque » (■ *Cass. 2ère civ.,9 juill. 2009, n° 08-13780 : RC et Ass. 2009, comm. 337*).

Si le risque exclu se réalise, le sinistre qui en résulte est hors du champ d'application du contrat. Aucune garantie n'est due par l'assureur.

Certaines exclusions ont pourtant le caractère de sanctions, destinées à réprimer un comportement répréhensible.

C'est, à notre avis, le cas :

- de l'exclusion de la faute intentionnelle ou dolosive,
- de la circulation sans être en possession d'un permis de conduire en cours de validité,
- du transport de passagers au mépris des conditions suffisantes de sécurité imposées par la réglementation.

Il y a d'autres exclusions, soit prévues par le code des assurances, soit relevant du principe de la liberté contractuelle. Nous n'en ferons pas l'étude générale, ni l'inventaire, car ce serait déborder trop largement du cadre de la présente étude limitée aux sanctions en droit des assurances.

§ 1. Exclusion de la faute intentionnelle ou dolosive

Cette exclusion est prévue par l'article L.113-1, 2ème alinéa, du code des assurances, qui dispose que « l'assureur ne répond pas des pertes et dommages provenant d'une faute intentionnelle ou dolosive de l'assuré ».

Sachant que l'assureur garantit les conséquences de nombreuse fautes ou négligences de l'assuré (accident provoqué par le non-respect d'un feu rouge, ou d'une règle de priorité ; chien méchant non attaché au moment du passage du facteur et qui mord ce dernier ; etc, etc…), où est la limite entre faute banale et faute intentionnelle non assurable ?

La faute intentionnelle a été définie, dans le passé, par la Cour de Cassation comme étant « celle qui suppose la volonté de causer le dommage et pas seulement d'en créer le risque ». Cette définition est toujours valable.

Exemples :

Il s'agissait d'un assuré qui, pour se suicider, avait volontairement jeté sa voiture contre un camion-citerne. Le produit contenu dans la citerne s'était répandu et avait entraîné une pollution. L'assureur de l'automobiliste n'a pas pu refuser sa garantie pour les frais de dépollution, car l'assuré n'avait pas eu la volonté de provoquer le dommage de pollution (▪ *Cass. 1ère civ., 10 avril 1996 : R.G.D.A. 1996, p. 717).*

Par contre, dans le cas suivant, il y avait manifestement eu faute intentionnelle : il s'agissait d'un sportif qui, hors de toute action de jeu, avait donné un coup de poing à un joueur de l'équipe adverse et l'avait blessé (▪ *Cass. 1ère civ., 10 juin 1997 : R.G.D.A. 1997, p. 742,* note *Kullmann).*

Le commentateur de l'arrêt, M. Kullmann, s'est demandé si la solution aurait été différente si le coup avait été porté au cours d'une action de jeu et il a conclu ainsi : « caractère volontaire du geste et volonté de provoquer le dommage ne sont pas neutralisés de ce fait, sauf à considérer que le sportif perd tout discernement quand il exerce effectivement son activité, et ne le retrouve qu'avec le coup de sifflet, ou de gong, qui marque l'arrêt de jeu ou la pause ».

Il y a, évidemment, des cas plus compliqués, où, par exemple, l'auteur de la faute volontaire a blessé une personne qu'il ne voulait pas atteindre elle-même, ou a causé un dommage matériel beaucoup plus important que ce qu'il avait pensé initialement.

A titre d'exemple, nous citerons un arrêt ancien, mais significatif, de la Cour de cassation : un particulier, en tirant des coups de feu, de nuit, sur la voiture de cambrioleurs qui s'enfuyaient, avait tué un voisin qui s'était mis également à sa fenêtre et qu'il n'avait pas vu. Il n'y avait pas eu faute intentionnelle, l'auteur du coup de feu n'ayant pas voulu tuer son voisin et n'ayant pas eu conscience de ce que sa maladresse allait provoquer un accident (*Cass. 1ère civ., 5 janv. 1970 : R.G.A.T. 1970, p. 176).

La non-garantie ne s'applique donc pas aux dommages qui n'ont pas été recherchés volontairement.

Tel est, du moins, le principe, mais sa mise en application risque de se révéler délicate : c'est, en effet, aux tribunaux et, après eux, aux cours d'appel, qu'il appartiendra de se prononcer, car la Cour de cassation estime désormais que cette question échappe à son contrôle.

Ainsi, en a-t-elle décidé dans un arrêt rendu par sa première chambre civile le 4 juillet 2000 (*Cass. 1ère civ., 4 juill. 2000 : R.G.D.A. 2000, p. 1056) : « Attendu que l'appréciation par les juges du fond du caractère intentionnel d'une faute, au sens de l'article L.113-1, alinéa 2, du code des assurances, est souveraine et échappe au contrôle de la Cour de cassation. »

Toutefois, la 2ème chambre civile, qui a désormais la charge des affaires d'assurance, fait sienne une précision destinée à limiter l'arbitraire éventuel des juges du fond. Ainsi, l'attendu ci-dessus devient : « Attendu que l'appréciation par les juges du fond du caractère intentionnel d'une faute qui, au sens de l'article L 113-1, alinéa 2, du code des assurances, *implique la volonté de son auteur de créer le dommage tel qu'il est survenu*, est souveraine et échappe au contrôle de la Cour de cassation ». (▪ *Cass. 2ème civ., 18 mars 2004, n° 03-11573 : R.C. et Ass. 2004, comm. 240)*. On peut ajouter : ▪ *Cass. 3ème civ., 29 janv. 2008, n° 07-10747 : R.G.D.A. 2008, p. 378 ;* ▪ *Cass. 2ème civ., 9 avril 2009, n° 08-15867 : RC et Ass. 2009, comm. 197)*.

L'arrêt qui précède, du 18 mars 2004, a été utilement complété par un autre, rendu le 23 septembre 2004, par la 2ème chambre civile de la Cour de cassation :

Il s'agissait d'un artisan-maçon qui, bien qu'en arrêt de travail, avait continué à exercer son activité et avait été victime d'un accident mortel sur son chantier. La cour d'appel y avait vu une faute dolosive, exclusive de toute bonne foi et privant ses ayants droit du capital-décès souscrit par l'intéressé. La cour de cassation casse l'arrêt d'appel au motif « qu'en se déterminant ainsi, sans préciser en quoi la faute qu'elle retenait à l'encontre de l'assuré supposait la volonté de commettre le dommage tel qu'il s'est réalisé, la cour d'appel n'a pas donné de base légale à sa décision » (au regard des articles L 113-1 du code des assurances et 1134 du code civil). (▪ *Cass. 2ème civ., 23 sept. 2004, n° 03-14389 : RC et Ass. 2004, comm. 389)*.

Par contre, la faute intentionnelle a été admise par la 2ème chambre civile (▪ *Cass. 2ème civ., 24 mai 2006, n° 03-21024 : R.G.D.A. 2006, p. 635, 4ème espèce)* dans une affaire où un avocat, spécialiste des ventes judiciaires et adjudications, qui, ayant reçu de ses clients le solde du prix d'une adjudication, ne l'avait consigné que par fractions échelonnées sur plusieurs années, alors qu'il savait que son retard fautif faisait courir au préjudice des adjudicataires des intérêts de retard, lesquels leur ont effectivement été réclamés par la Perception. La Cour de Cassation en a déduit que l'intéressé avait eu l'intention de causer le dommage tel qu'il était survenu, ce qui exonérait l'assureur de responsabilité de sa garantie.

Reste à espérer que la chambre criminelle de la Cour de cassation, lorsqu'elle a à connaître de cette question à l'occasion de poursuites pénales, s'aligne, ce qui n'est pas encore le cas (pour elle, une infraction qualifiée d'intentionnelle sur le plan pénal est une faute intentionnelle au regard du droit des assurances. (* Cass. crim., 2 mai 2001 : R.G.D.A. 2001, p. 686).

Bien entendu, la faute intentionnelle commise par un tiers au contrat d'assurance n'aura pas d'incidence sur la garantie : nous pensons au cas, fréquent en pratique, de l'incendie volontaire causé par un tiers. Dans ce cas, le propriétaire de l'immeuble, ou du véhicule incendié par un voyou, bénéficiera de sa propre assurance incendie qu'il avait pu contracter auparavant.

Exemple : l'incendie volontaire causé par un locataire n'est pas opposable au propriétaire titulaire d'une police distincte de celle de ce locataire (* Cass. 1ère civ., 9 mars 1999 : RC et Ass., 1999, comm. 162).

Il y a, d'autre part, un cas important en pratique, où, malgré une faute intentionnelle, l'assureur devra néanmoins intervenir. Il s'agit de l'hypothèse prévue par l'article L.121-2 du code des assurances : « L'assureur est garant des pertes et dommages causés par des personnes dont l'assuré est civilement responsable en vertu de l'article 1384 du Code civil, quelles que soient la nature et la gravité des fautes de ces personnes ».

On sait, ainsi, que l'assuré est civilement responsable de ses enfants mineurs, de ses domestiques ou préposés, c'est-à-dire qu'il répond financièrement de leurs actes. Et c'est parce qu'il répond de ces actes, alors qu'il n'en est pas à l'origine, qu'il bénéficie des garanties de son contrat, les auteurs eux-mêmes de la faute intentionnelle ne pouvant en bénéficier personnellement.

Toutefois, les assureurs ont la possibilité de limiter le champ d'application de leur police d'assurance en excluant certains risques précis, lesquels ne seront pas garantis en toute hypothèse.

Il en résulte un conflit entre deux articles du code des assurances, tous les deux impératifs, l'un autorisant les exclusions de garantie formelles et limitées et l'autre imposant à l'assureur de garantir l'assuré lorsqu'il est civilement responsable de certaines personnes dont il doit répondre.

Or, on sait que l'article L. 121-2, du code des assurances, mentionne que l'assureur couvre le X quelles que soient « la nature et la gravité des fautes » commises par la personne dont il doit répondre. Cet article étant impératif, il ne semble pas que, par le biais d'une exclusion, l'assureur puisse faire une discrimination entre les fautes ci-dessus pour en exclure certaines.

Exemple : « Attendu,..., que si l'article L.121-2 précité ne porte pas atteinte à la liberté des parties de convenir du champ d'application du contrat d'assurance et de déterminer la nature et l'étendue de la garantie, il a pour conséquence que l'assureur ne peut opposer à l'assuré, en vue de lui refuser sa garantie, des distinctions fondées sur la nature ou la gravité de la faute des personnes dont cet assuré doit répondre ; qu'était donc inopposable à M. L., en ce qu'elle portait sur les dommages causés par les personnes dont il était civilement responsable en vertu de l'article 1384 du code civil, la clause aux termes de laquelle étaient exclus de la garantie « les dommages intentionnellement causés ou provoqués... notamment en cas ...d'actes criminels » ; » *(▪ Cass. 1ère civ., 3 févr. 1993 : RC et Ass., 1993, comm. 180).*

Enfin, pour conclure, nous ajouterons que l'assureur, qui aura dû prendre en charge un sinistre causé par une faute intentionnelle, parce que ce sinistre aura engagé la responsabilité de son assuré pris en tant que civilement responsable de l'auteur du sinistre, cherchera à exercer un recours en remboursement. Mais, ce recours ne sera pas possible parce que l'article L.121-12, 3ème alinéa, du code des assurances, dispose que « l'assureur n'a aucun recours contre les enfants, descendants, ascendants, alliés en ligne directe, préposés, employés, ouvriers ou domestiques, et généralement toute personne vivant habituellement au foyer de l'assuré, sauf le cas de malveillance commise par une de ces personnes ».

La seule exception est le cas de malveillance, si celle-ci a été dirigée contre l'assuré lui-même (et non contre un tiers), conformément à l'arrêt suivant de l'assemblée plénière de la Cour de cassation, du 13 novembre 1987 : «... l'assureur qui a payé l'indemnité d'assurance ne recouvre son action subrogatoire contre l'auteur du dommage, lorsque celui-ci est l'une des personnes énumérées par ce texte (art. L.121-12 du code des assurances), qu'en cas de malveillance dirigée contre l'assuré » (▪ *Cass. plén., 13 nov. 1987 : R.G.A.T. 1988, p. 111).* Voir, infra, chapitre 4, section 1, § **2**.

Nous avons parlé essentiellement de la faute intentionnelle, alors que l'article L 113-1, 2ème alinéa du code des assurances mentionne la faute intentionnelle « ou dolosive ».

La faute dolosive a été pratiquement assimilée à la faute intentionnelle, alors qu'elle ne requiert pas l'intention de causer le dommage. Il s'agit d'une faute volontaire, exclusive de la notion d'aléa, inhérente à l'assurance.

Exemple : *(▪ Cass. 3ème civ., 7 oct. 2008, n° 07-17969 : RC et Ass. 2009, étude 6, Asselain),* selon cet arrêt, la cour d'appel ayant souverainement retenu que l'assurée « s'était volontairement abstenue d'exécuter les travaux conformément aux prévisions contractuelles et avait délibérément violé par dissimulation ou par fraude ses obligations contractuelles, sans ignorer que des désordres allaient apparaître très rapidement,..., *a pu en déduire* que ces manquements délibérés constituaient une faute dolosive ayant pour effet de retirer aux contrats d'assurance leur caractère aléatoire ». Cette décision, dans laquelle le pourvoi est rejeté, n'exprime donc pas la position de la Cour de Cassation elle-même, mais celle d'une cour d'appel, position qu'elle trouve néanmoins valable.

N.B. En assurance automobile, une exclusion, dont le fondement est la volonté de sanctionner ceux qui sont visés par cette exclusion, se trouve dans l'article L.211-1, 2ème alinéa, du code des assurances, qui dispose que si les polices d'assurance doivent garantir la responsabilité civile « de toute personne ayant la garde ou la conduite, même non autorisée » du véhicule, « toutefois, en cas de vol d'un véhicule, ces contrats ne couvrent pas la réparation des dommages subis par les auteurs, coauteurs ou complices du vol ».

En clair, en cas de vol du véhicule, l'assureur de ce dernier est tenu de garantir les accidents causés aux tiers par le voleur (sauf son recours contre le responsable de l'accident), mais il n'est pas tenu d'indemniser « les auteurs, coauteurs ou complices du vol ».

§ 2. Exclusion pour défaut de permis de conduire en cours de validité

Le code des assurances autorise l'assureur à insérer dans sa police une clause excluant la garantie lorsque le conducteur n'est pas en situation régulière au regard des règles sur la conduite des véhicules (cela concerne surtout le permis de conduire).

Nous examinerons les conditions de mise en œuvre de l'exclusion, son étendue et ses effets.

A. Conditions de mise en œuvre

Pratiquement, c'est au moment où survient un accident (un sinistre) que se place l'assureur pour vérifier si le conducteur avait l'âge requis pour conduire le véhicule ou s'il était en possession des « certificats (permis le plus souvent), en état de validité, exigés par la réglementation en vigueur », pour le type de véhicule conduit.

Pour les particuliers, conduisant habituellement des véhicules dits de tourisme, il s'agira du permis « **B** », *actuellement de validité permanente*, qui permet aussi d'y atteler notamment une remorque dont le poids total autorisé en charge est inférieur ou égal à 750 kg (pour plus de détails, voir l'article R 221-4 du code de la route).

Le code des assurances prévoit un assouplissement, à l'article R.211-10, dernier alinéa, qui dispose que l'exclusion de garantie

« ne peut être opposée au conducteur détenteur d'un certificat <u>déclaré</u> à l'assureur lors de la souscription ou du renouvellement du contrat, <u>lorsque</u> ce certificat est sans validité pour des raisons tenant au lieu ou à la durée de résidence de son titulaire, <u>ou</u> <u>lorsque</u> les conditions restrictives d'utilisation, autres que celles relatives aux catégories de véhicules, portées sur celui-ci n'ont pas été respectées ».

Cela pourrait concerner, d'une part et par exemple, le cas d'un permis étranger, accepté en France seulement pour une durée temporaire qui n'aurait pas été respectée. Le conducteur concerné serait en infraction, mais il n'encourrait pas, en plus, une non-garantie en cas d'accident.

Cela concerne ensuite, et en particulier, le non-respect de la condition du port de verres correcteurs, lorsque le permis a été délivré sous cette condition restrictive.

Bien entendu, l'assouplissement qui précède ne porte pas sur les catégories de permis : la non-garantie sera toujours encourue si le conducteur n'est pas titulaire de la catégorie de permis correspondant à la catégorie du véhicule conduit.

Enfin, s'il est évident qu'un conducteur ne peut pas être considéré comme conduisant valablement son véhicule si son permis a été annulé ou suspendu, une question peut se poser s'il intervient une loi d'amnistie profitant à ce conducteur : l'assureur qui avait refusé sa garantie pourra-t-il maintenir son refus ?

La Cour de cassation a répondu dans un arrêt du 20-12-1988 (▪ *Cass. 1ère civ., 20 déc.1988 : Dalloz 1989. I R. 9, in fine*) que la loi d'amnistie ne fait pas disparaître la réalité des faits et que, sachant que l'amnistie ne peut nuire aux droits des tiers (dont l'assureur), elle admet que l'assureur ne doit pas sa garantie.

B. Etendue de l'exclusion

L'exclusion concerne d'abord, en toute hypothèse, le conducteur incriminé, qui, en aucun cas, ne pourra bénéficier personnellement de la garantie. Il supportera donc la charge finale du coût du sinistre qu'il aura causé.

L'assureur qui, ainsi que nous le verrons ci-après, devra faire l'avance des dommages-intérêts aux tiers (victimes), pourra demander le remboursement au responsable, c'est-à-dire en premier au conducteur.

Mais ce conducteur peut ne pas être seul responsable.

Ainsi, l'employeur est civilement responsable de son préposé ; de même les parents sont responsables de leurs enfants mineurs.

Sachant que la police d'assurance aura été souscrite par l'employeur ou par les parents, l'assureur pourra se retourner contre eux, c'est-à-dire contre ses assurés, en cas de conduite par un préposé ou par un enfant mineur, en infraction avec les règles concernant la conduite des véhicules.

Une atténuation a été prévue par le code des assurances (art. R. 211-10) au profit de l'assuré s'il peut établir qu'il y a eu *vol, violence, ou utilisation de son véhicule à son insu*. Elle ne profite qu'à l'assuré lui-même et non pas au conducteur.

Quand y-a-t'il utilisation à l'insu ?

La Cour de cassation adopte, à ce propos, une position bienveillante et admet, depuis un arrêt relativement ancien, du 25 mai 1971 (• *Cass. 1ère civ., 25 mai 1971 : R.G.A.T. 1972, p. 250)* que « l'utilisation du véhicule à l'insu de l'assuré » ne vise pas seulement la simple appréhension du véhicule, mais qu'elle comprend « toutes les modalités et les formes d'utilisation du véhicule lorsqu'elles se produisent à l'insu de l'assuré ». Ainsi, l'assuré peut ignorer, par exemple, à moins qu'elle ne lui ait été notifiée, que son employé s'est vu infliger une suspension de permis ; il peut, aussi, ignorer que le permis qui lui est présenté par son employé et qui a l'apparence d'un permis valable, n'est, en réalité, pas valable au regard de la réglementation en vigueur, laquelle n'est pas toujours simple, ni connue de chacun dans tous ses détails.

C. Effets de l'exclusion

L'exclusion a pour effet que la charge du coût du sinistre n'incombera pas à l'assureur, bien que celui-ci soit tenu par le code des assurances de faire l'avance des indemnités dues aux tiers. Le code dispose, ainsi, que l'exclusion ci-dessus n'est pas opposable aux victimes ou à leurs ayants droit. L'assureur doit payer « pour le compte du responsable » et, ensuite, il peut demander à ce dernier le remboursement des sommes versées ou mises en réserve à sa place (lorsqu'il a dû provisionner des dépenses qui seront échelonnées dans l'avenir).

La « sanction », car, en pratique cela en est une, peut donc se révéler très lourde : en cas d'accident corporel grave, les indemnités atteignent des montants considérables. Se pose alors, pour l'assureur, le problème de la solvabilité du responsable, qui, si elle n'est pas suffisante, rend le recours illusoire.

L'inopposabilité aux victimes connaît, toutefois, un tempérament.

La Cour de cassation précise, à ce propos, (* Cass. 1ère civ., 6 juin 2001 : RC et Ass., 2001. Comm. 275. Note Groutel) que la règle ne s'applique pas « lorsque l'assureur fait la preuve que la victime, souscriptrice du contrat, s'est volontairement placée dans la situation exclusive de garantie ». Dans sa note sur cet arrêt, M. Groutel pose, notamment, la question de savoir si la position ci-dessus serait applicable à n'importe quelle victime qui serait au courant de l'irrégularité ou de l'absence de permis et, aussi, celle de savoir si l'assuré qui prête, en connaissance de cause, son véhicule à un tiers, dépourvu de permis valable, engage sa responsabilité personnelle à l'égard de l'assureur en cas d'accident.

Précisément, dans un arrêt du 8 février 2006 (* Cass. 2ème civ., 8 févr. 2006, n° 05-16031 : RC et Ass. 2006, étude 4, Groutel), la Cour de cassation admet que l'assureur « peut exercer contre l'assuré, à raison de sa faute contractuelle, une action en remboursement pour toutes les sommes qu'il a ainsi payées. » En l'espèce, la faute consistait à n'avoir pas déclaré le changement de conducteur habituel, le nouveau conducteur habituel ayant eu son permis précédemment annulé. Aussi, la Cour de cassation ajoute « que c'est par une décision motivée que la cour d'appel a retenu que l'assureur, s'il avait eu connaissance du changement d'identité du conducteur habituel du véhicule assuré, aurait nécessairement usé de la faculté de résilier le contrat d'assurance, de sorte qu'il n'aurait pas eu à supporter les conséquences de l'accident causé par I.F.. » Dans cette hypothèse, l'article L113-9 du code des assurances qui prévoit l'application d'une règle proportionnelle de primes (voir supra 1ère partie) en cas d'omission d'une déclaration d'aggravation de risque, lorsque cette omission n'est pas intentionnelle, n'est pas applicable.

§ 3. Transport de passagers au mépris des conditions suffisantes de sécurité

Le code des assurances autorise l'assureur à insérer dans la police d'assurance une clause excluant la garantie, en ce qui concerne les dommages subis par les personnes transportées, lorsque le transport n'est pas effectué dans des conditions suffisantes de sécurité (art. R 211-10).

Ces conditions de sécurité sont précisées dans l'article A.211-3 du code des assurances. Elles varient selon le type de véhicule concerné.

Ainsi, selon les catégories susceptibles d'intéresser les particuliers, nous relevons :

- Voitures de tourisme et véhicules affectés au transport en commun de personnes : il suffit que les passagers soient transportés à l'intérieur des véhicules. Donc, peu importe s'il y a davantage de passagers que de places prévues sur la carte grise.

- Véhicules utilitaires (dont les voitures commerciales, les camionnettes et les pick up 4x4) : les conditions de sécurité sont suffisantes « lorsque les personnes transportées ont pris place, soit à l'intérieur de la cabine, soit sur un plateau muni de ridelles, soit à l'intérieur d'une carrosserie fermée et lorsque leur nombre n'excède pas huit en sus du conducteur ; en outre, le nombre des personnes transportées hors de la cabine ne doit pas excéder cinq. »

« Pour l'application des précédentes dispositions, les enfants de moins de dix ans ne comptent que pour moitié. »

- Véhicules à deux roues : les conditions de sécurité sont suffisantes lorsque le véhicule ne transporte qu'un seul passager en plus du conducteur (un second passager peut toutefois être transporté lorsque le véhicule est un tandem).

Si le véhicule est muni d'un side-car, le nombre des personnes transportées dans celui-ci ne doit pas dépasser celui des places prévues par le constructeur (la présence d'un enfant de moins de cinq ans, accompagné d'un adulte, n'implique pas le dépassement de cette limite).

- Remorques et semi-remorques : les conditions de sécurité sont suffisantes lorsque les remorques et semi-remorques ont été construites en vue d'effectuer des transports de personnes et lorsque les passagers sont transportés à l'intérieur de la remorque ou de la semi-remorque.

A noter que le code de la route prévoyait (art. R 221-4) que, pour les véhicules relevant des catégories de permis B et D, une place assise s'entendait d'une place destinée à un adulte, mais que les enfants de moins de dix ne comptaient que pour une ½ place lorsque leur nombre n'excédait pas dix. Cette disposition a été « supprimée » (abrogée !) à compter du 1er janvier 2008, par l'article 4, du décret 2006-1496, du 29 novembre 2006.

Il y a une certaine contradiction avec le code des assurances : si ce dernier, en ce qui concerne les enfants de moins de dix ans, vise les véhicules utilitaires, alors que le code de la route ne concernait que les véhicules des catégories B et D, beaucoup de véhicules utilitaires peuvent être conduits avec un permis B. Le code des assurances n'a manifestement pas été mis à jour puisqu'il maintient un assouplissement que le code de la route a abrogé. Il en résulte qu'il pourrait y avoir des cas où ce ne serait pas l'exclusion pour non respect des conditions suffisantes de sécurité qui serait encourue, mais celle pour défaut de permis de conduire de transport en commun.

Par ailleurs et à notre avis, le camping-car semble entrer dans la catégorie des véhicules utilitaires, sous toutes réserves.

Par contre, une caravane, qui est une remorque, n'est pas construite en vue d'effectuer des transports de personnes, aussi aucun passager ne doit y prendre place lorsqu'elle est en déplacement.

Enfin, tout comme l'exclusion concernant le permis de conduire, vue ci-dessus, l'exclusion des dommages subis par les personnes transportées pour non-respect des conditions suffisantes de sécurité n'est pas, conformément à l'article R. 211-13 du code des assurances, opposable aux victimes ou à leurs ayants droit. Il en résulte que l'assureur paye les dommages-intérêts pour le compte du responsable et qu'il peut exercer contre ce dernier un recours en remboursement pour toute les sommes payées ou mises en réserve à sa place.

S'il y a, en même temps que le conducteur, un ou d'autres responsables, tels que l'employeur ou les parents, l'assureur exercera aussi son recours contre eux.

On attirera, à ce propos, l'attention des parents, responsables de leurs enfants mineurs, sur un cas qui risque de se rencontrer en pratique : il est, en effet, possible d'être titulaire du permis A1, moto légère, dès 16 ans et donc de conduire dès cet âge un engin à deux roues dont la cylindrée n'excède pas 125 cm3 ; aussi, il convient que le conducteur ne transporte pas plus d'un passager, sinon l'exclusion de garantie jouera en ce qui concerne les dommages subis par les personnes transportées et l'assureur pourra se retourner contre les parents du mineur n'ayant pas respecté les conditions de sécurité que nous venons d'exposer.

Section 4. Résiliation pour sinistre

On sait que l'assureur fonde son accord, ou son refus de s'engager, sur l'opinion qu'il se fait sur la plus ou moins grande probabilité de réalisation d'un risque. Bien entendu, il dispose de statistiques qui, pour des ensembles bien délimités, ou des « populations » données, lui permettent de se faire une opinion assez juste de l'aléa qu'il prend en charge et de tarifer le risque en conséquence.

Mais, il doit ensuite surveiller constamment l'évolution de ses polices en cours de façon à repérer et à éliminer ceux de ses assurés qui, par leur « sinistralité », représentent des risques « aberrants », statistiquement parlant, par rapport à la moyenne.

Il peut, aussi, vouloir se séparer d'un assuré pour toute autre raison révélée par la survenance d'un sinistre : par exemple, moindre opinion sur l'efficacité de mesures de sécurité, caractère douteux d'un sinistre, etc...

De toute façon, l'assureur n'a pas à faire connaître les raisons particulières qui le conduisent à résilier après sinistre.

Ainsi, le code des assurances autorise l'assureur à inscrire dans ses polices une clause lui donnant la faculté de résilier après sinistre. Une telle clause doit donc figurer dans le contrat et il convient de s'y reporter en premier lieu.

Nous examinerons, d'abord, le principe général et, ensuite, le cas particulier de l'assurance automobile.

§ 1. Principe général

A partir du jour où l'assureur a connaissance d'un sinistre, il dispose d'un délai d'un mois pour notifier à l'assuré sa décision de résilier la police.

Passé le délai ci-dessus d'un mois, l'assureur pourra encore en principe résilier, mais il aura perdu ce droit si, après ce délai, il a accepté le paiement d'une prime ou cotisation (ou d'une fraction de prime ou cotisation) « correspondant à une période d'assurance ayant débuté postérieurement au sinistre » (art. R. 113-10 du code des assurances).

La résiliation ne deviendra effective qu'un mois après la notification à l'assuré.

En contrepartie du pouvoir ainsi donné à l'assureur, le code des assurances autorise l'assuré, dans le mois qui suit la notification qui lui a été faite par l'assureur, à résilier ses autres contrats. Pour ce faire, il doit notifier à son assureur sa décision de résilier ses autres contrats et cette résiliation prendra effet un mois après la notification qu'il aura ainsi faite à l'assureur.

Il faut, en effet, comprendre que si l'assuré s'est vu résilier une police par son assureur, après sinistre, c'est que le risque n'est pas très bon et qu'il aura donc quelque difficulté à se faire assurer par un autre assureur. Mais, s'il apporte à ce dernier d'autres contrats, c'est-à-dire ceux qu'il a résiliés, comme indiqué ci-dessus, il aura plus de chances de se faire assurer de nouveau.

Par ailleurs, nous avons vu que les notifications ci-dessus font courir chacune un délai d'un mois. Le délai court-il à compter de l'envoi ou de la réception de la notification, faite par lettre recommandée ?

L'article R.113-10 du code des assurances ne donne aucune précision. On sait, par contre, que l'article L.113-12 du même code pose comme principe que les conditions de résiliation sont fixées par la police. Il convient donc de s'y reporter.

Le cas échéant, il devrait être possible, semble-t-il, de retenir la règle posée par cet article L.113-12, selon laquelle « le délai de résiliation court à partir de la date figurant sur le cachet de la poste ».

A rappeler que, selon l'article 641 du code de procédure civile, lorsqu'un délai est exprimé en mois, ce délai expire le jour du dernier mois qui porte le même quantième que le jour de la notification qui fait courir ce délai. A défaut d'un quantième identique, le délai expire le dernier jour du mois.

Exemples :

- pour une notification faite le 30 mars, le délai d'un mois expire le 30 avril ;
- pour une notification faite le 30 janvier, le délai d'un mois expire le 28 ou le 29 février.

Enfin, le code des assurances contient une disposition que l'on doit approuver sans réserve et selon laquelle, qu'il s'agisse de la résiliation faite par l'assureur ou de celles faites en conséquence par l'assuré, il y a lieu à remboursement par l'assureur des portions de primes ou cotisations afférentes à la période pour laquelle les risques ne sont plus garantis.

§ 2. Assurance automobile

Il y a eu, à une certaine époque, assez lointaine, une « mode » chez les assureurs, consistant à résilier les polices auto, pour sinistre, de manière manifestement excessive, sinon abusive. En réaction à cette attitude, peu compatible avec l'esprit de l'assurance, qui a pour objet la mutualisation des risques, le code des assurances a restreint la liberté des assureurs.

Ainsi, selon l'article A.211-1-2, dans la rédaction que lui a donnée un arrêté du 9 juin 1983, le contrat ne peut être résilié après sinistre, avant sa date d'expiration normale, que dans les hypothèses suivantes :

- sinistre causé par un conducteur en état d'« imprégnation alcoolique », ou, depuis un arrêté du 19 juillet 2007, « sous l'emprise de stupéfiants » ;

- sinistre causé par infraction au code de la route entraînant une suspension de permis d'au moins un mois, ou une annulation du permis.

Mais, nous ferons remarquer, par parenthèse, que, en l'absence de sinistre, l'assureur n'est pas sans moyen d'action : ainsi, les contrats d'assurance auto peuvent prévoir que l'assuré doit déclarer, en cours de contrat diverses aggravations de risque, dont la suspension (d'une certaine durée) ou le retrait de permis du conducteur habituel, ainsi que toute sanction pénale (à préciser) subie par lui pour des faits en relation avec la conduite d'un véhicule terrestre à moteur. Il en découle pour l'assureur la faculté, soit de dénoncer le contrat, soit de proposer un nouveau montant de prime. S'il dénonce le contrat, la résiliation prend effet 10 jours après notification (et non pas un mois après).

Enfin, en cas de résiliation de la police auto pour sinistre, il est rappelé que « le souscripteur peut alors résilier, dans le délai d'un mois à compter de la notification de cette résiliation, les autres contrats souscrits par lui auprès de l'assureur ».

Les contrats d'assurance auto doivent, d'ailleurs, reproduire les dispositions qui précèdent, de l'article A. 211-1-2 du code des assurances, sur la résiliation du contrat auto par l'assureur, pour sinistre (art. A 211-1-1, du même code).

3

SANCTION DE L'INACTION DE L'ASSURE : LA PRESCRIPTION

Section 1. Généralités

Selon l'article 2219 du code civil, dans sa nouvelle rédaction issue de la **loi du 17 juin 2008, portant réforme de la prescription en matière civile**, « la prescription extinctive est un mode d'extinction d'un droit résultant de l'inaction de son titulaire pendant un certain laps de temps ».

Lorsqu'un assureur oppose à son assuré la prescription de la réclamation de ce dernier, c'est qu'il entend se libérer de ses obligations, parce que l'assuré aura laissé s'écouler un certain délai avant de réagir (tardivement).

C'est donc une sanction dont la cause est la négligence de l'assuré à faire valoir ses droits avant l'écoulement d'un délai fixé par la loi. Cette sanction peut, aussi, le cas échéant, s'appliquer à l'assureur.

En l'espèce, il convient de se reporter au code des assurances qui fixe à deux ans le délai d'inaction ci-dessus, au terme duquel la prescription est acquise.

Le délai de la prescription est, toutefois, porté à « dix ans dans les contrats d'assurance sur la vie lorsque le bénéficiaire est une personne distincte du souscripteur et, dans les contrats d'assurance contre les accidents atteignant les personnes, lorsque les bénéficiaires sont les ayants droit de l'assuré décédé » (art. L114-1, du code des assurances).

En effet, le bénéficiaire d'une assurance sur la vie peut ignorer, suite au décès de l'assuré, que le bénéfice du contrat lui est attribué. De même, le bénéficiaire d'un capital décès, en cas de décès du souscripteur d'une assurance accidents corporels, peut ne pas avoir été informé de l'existence de la police d'assurance.

Ces personnes étaient, cependant, protégées par le fait que leur ignorance du contrat paralysait la prescription à leur égard. Cette situation, qui pouvait durer pendant une période indéterminée, était certainement préjudiciable aux assureurs, mais la règle des dix ans posée ci-dessus par une réforme faite par une loi du 31-12-1989, ne permettait pas à elle seule d'aller à l'encontre de cette protection.

Aussi, une loi du 21 décembre 2006 est venue préciser que : « Pour les contrats d'assurance sur la vie, nonobstant les dispositions du 2° (de l'art. L114-1 ci-dessus, selon lequel le délai de prescription ne court, en cas de sinistre, que du jour où les intéressés en ont eu connaissance, s'ils prouvent qu'ils l'ont ignoré jusque là), les actions du bénéficiaire sont prescrites au plus tard trente ans à compter du décès de l'assuré », ce qui veut dire que 30 ans après le décès, la prescription est acquise même si l'on ignore le décès et/ou l'existence du contrat d'assurance-vie, sous réserve de ce que décidera la cour de cassation le moment venu.

A l'occasion d'un arrêt rendu par la 1ère chambre civile, le 24 février 2004 (*Cass. 1ère civ., 24 févr. 2004 : R.G.D.A. 2004, p. 974)*, la Cour de cassation a précisé la portée de la réforme dans son Rapport annuel (*Rapport Cour de cassation, 2004, pp 353 et 354)* : elle indique que, pour bénéficier de la nouvelle prescription de dix ans, il faut avoir eu la qualité de « bénéficiaire désigné dans le cadre d'une stipulation pour autrui », figurant donc dans la police d'assurance. Cette nécessité d'avoir été « bénéficiaire désigné » est, toujours selon la Cour de cassation, valable non seulement pour les polices d'assurance sur la vie, mais aussi pour les polices d'assurance accidents corporels (où l'héritier du souscripteur doit avoir été désigné par celui-ci dans le contrat, pour bénéficier, le moment venu, de la prescription de dix ans).

La position ci-dessus de la 1ère chambre civile sera-t-elle ou non reprise par la 2ème chambre civile, désormais compétente en ces domaines ?

Nous verrons successivement les conditions de la prescription, ses causes d'interruption et de suspension et, enfin, sa mise en œuvre ainsi que ses effets.

Section 2. Conditions de la prescription

Le code des assurances impose aux assureurs de rappeler dans leurs polices les dispositions concernant « la prescription des actions dérivant du contrat d'assurance ».

C'est ce que généralement font les assureurs et la Cour de cassation précise que, pour faire application de la prescription, la cour d'appel n'est pas tenue d'exiger la production de la police d'assurance (▪ *Cass. 1ère civ., 22 mai 2002 : R.G.D.A. 2002, p. 694).*
Si l'information n'est pas donnée, la Cour de cassation a assoupli sa position en faveur de l'assuré.

En effet, elle avait d'abord décidé qu'il n'est prévu aucune sanction et donc que la méconnaissance de l'obligation d'information ne saurait faire obstacle à l'application des règles de la prescription (▪ *Cass. 1ère civ., 22 janv. 2002 : R.G.D.A. 2002, p. 382).*

Cependant, dans un arrêt du 2 juin 2005, la 2ème chambre civile, chargée désormais des problèmes d'assurance, a posé la règle suivante : « Vu l'article R 112-1 du code des assurances ; attendu qu'aux termes de ce texte, les polices d'assurance doivent rappeler les dispositions de la loi concernant la prescription des actions dérivant du contrat d'assurance ; que l'inobservation de ces dispositions est sanctionnée par l'inopposabilité à l'assuré du délai de prescription édicté par l'article L 114-1 du même code » (• *Cass. 2ème civ., 2 juin 2005, n° 03-11871 : RC et Ass. 2005, étude Groutel, n°11, 2ème espèce).* Précisons que ce délai est généralement de deux ans.

Un autre arrêt, rendu le 10 novembre 2005, précisait qu'était suffisante la mention suivante : « toutes actions dérivant du présent contrat sont prescrites par deux ans à compter de l'événement qui y a donné naissance, dans les termes des articles L114-1 et L114-2 du code des assurances » (• *Cass. 2ème civ., 10 nov. 2005, n° 04-15041 : R.G.D.A. 2006, p. 81).*

Mais, plus récemment, la même chambre va plus loin en exigeant que l'assureur énumère les causes d'interruption mentionnées dans le code des assurances. La motivation de sa décision est la suivante : « Attendu qu'aux termes de ce texte (art. R 112-1 du code des assurances), les polices d'assurance... doivent rappeler les dispositions...(législatives) concernant la prescription des actions dérivant du contrat d'assurance ; qu'il en résulte que l'assureur est tenu de rappeler dans le contrat d'assurance, sous peine d'inopposabilité à l'assuré du délai de prescription édicté par l'article L 114-1 du code des assurances, les causes d'interruption de la prescription biennale prévues à l'article L114-2 du même code » (• *Cass. 2ème civ., 3 sept. 2009, n° 08-13094 : RC et Ass., 2009, comm. 311).*

En l'espèce, l'assureur n'avait mentionné que la lettre recommandée avec accusé de réception, sans indiquer la possibilité d'une interruption de la prescription par « une des causes ordinaires » et par la « désignation d'experts » à la suite d'un sinistre.

La position ci-dessus de la Cour de Cassation nous semble excessive, même si elle est conforme à la lettre du texte (qui exige de rappeler les dispositions législatives concernant la prescription), car, aujourd'hui, alors que l'usage d'internet est largement répandu, il est possible, en interrogeant sans frais le site « Légifrance » d'avoir accès notamment au contenu de tous nos codes et de retrouver aisément tout article dont la référence est précisée.

D'autre part, c'est à celui qui invoque le bénéfice de la prescription, d'établir que celle-ci serait effectivement acquise à son profit.

Il convient donc de prouver que le délai de la prescription s'est écoulé, sans qu'il y ait eu une réaction de la part de celui auquel elle est opposée.

Exemple : un assuré victime d'un vol de biens mobiliers, garantis contre le vol par sa police multirisques, fait une déclaration à son assureur, mais omet pendant deux ans de donner une quelconque suite à sa déclaration ; s'il se « réveille » après ce délai, l'assureur pourra lui opposer la prescription de sa réclamation.

Quel est, alors, le point de départ du délai de prescription ?

Le code des assurances (art. L 114-1) indique que la prescription court à compter de la date de l'événement qui est à l'origine d'une demande, ou d'une réclamation, dérivant du contrat d'assurance.

Ce sera, normalement, le sinistre (accident, incendie, vol, etc...) et plus précisément le jour où le sinistre sera survenu. S'il a eu lieu, par exemple, un 15 février 2004, le délai de deux ans expirera le 15 février 2006, à 24H00. Si le dernier jour tombe un samedi, un dimanche ou un jour férié ou chômé, y a t'il prorogation jusqu'au premier jour ouvrable suivant, comme le prévoit l'article 642 du code de procédure civile ? Les avis des spécialistes sont partagés. Faute de décision, à notre connaissance du moins, de la Cour de cassation, sur ce point précis, la question reste ouverte.

Au cas où l'on peut prouver que l'on a ignoré la survenance du sinistre, le point de départ du délai est reporté au jour où l'on a eu connaissance de ce sinistre.

Exemples :

Un particulier avait fait rapatrier son mobilier d'Algérie à Nancy au cours de l'été 1962. Il « aurait appris », le 17 juillet 1962, « qu'un vol aurait été commis à Alger dans l'un des cadres contenant son mobilier ». Mais, il n'avait, de toute façon, rien pu vérifier et ce n'est que le 4 septembre 1962, au moment de la livraison par le déménageur, qu'il avait pu constater le vol. Aussi, la Cour de cassation a admis que ce n'était qu'à partir du 4-09-1962 que le délai de prescription de deux ans, du recours contre l'assureur vol, avait pu commencer à courir. (■ *Cass. 1ère civ., 7-01-1969 : R.G.A.T. 1969, p. 355*).

Plus près de nous, dans une affaire concernant la prise en charge d'un déficit d'exploitation d'un office notarial, après interdiction temporaire ou destitution du notaire, la Cour de cassation déclare, de façon générale, que « ... le point de départ de la prescription biennale de l'action appartenant à l'assuré pour réclamer la garantie de l'assureur se situe au jour où cet assuré a eu connaissance de la réalisation du risque de nature à entraîner le jeu de la garantie ». (■ *Cass. 1ère civ., 14 nov. 2001 : R.G.D.A. 2002, p. 85*).

En assurance contre les accidents corporels ou en assurance maladie ayant pour objet de garantir une incapacité où une invalidité en résultant, le point de départ de la prescription se situe au jour de la « survenue de l'état d'incapacité ou d'invalidité de l'assuré ».

Plus précisément, la Cour de Cassation indique « qu'en matière d'assurance contre les accidents corporels, le sinistre, au sens du texte précité (art. L 114-1, alinéa 2, 2°, du code des assurances), réside dans la survenance de l'état d'incapacité ou d'invalidité de l'assuré, et ne peut être constitué qu'au jour de la consolidation de cet état » (• *Cass. 2ème civ., 26 oct. 2006, n° 05-15504 : RC et Ass. 2007,comm. 32).*

En assurance des risques de catastrophes naturelles, le point de départ est la date de publication au Journal Officiel de l'arrêté constatant l'état de catastrophe naturelle.

« En matière d'assurance de protection juridique le point de départ du délai est fixé au jour où l'assureur a refusé sa garantie ou l'a limitée à une certaine somme. », selon, du moins, un arrêt de 2004 (• *Cass. 2ème civ., 3 juin 2004, n° 03-13051 : RC et Ass., 2004, comm. 278).*

Mais, depuis la décision ci-dessus, est intervenue la loi 2007-210, du 19 février 2007, portant réforme de l'assurance de protection juridique. Aux termes du nouvel article L 127-2.1 du code des assurances, créé par la loi qui précède, « est considéré comme sinistre,..., le refus qui est opposé à une réclamation dont l'assuré est l'auteur ou le destinataire ». Le point de départ du délai de la prescription sera t'il fixé, désormais, au jour du sinistre ainsi défini ?

Le code des assurances pose, en outre, deux règles concernant le point de départ de la prescription : l'une se rapporte au cas de la déclaration fausse ou inexacte et l'autre au cas du recours d'un tiers contre l'assuré.

§ 1. Déclaration fausse ou inexacte

Selon le code des assurances, le délai de prescription ne court « en cas de réticence, omission, déclaration fausse ou inexacte sur le risque couru, que du jour où l'assureur en a eu connaissance ».

Il est, en effet, évident que l'assureur ne peut pas agir en justice tant qu'il n'a pas connaissance des irrégularités ci-dessus. Aussi, il serait injuste de fixer le point de départ de la prescription à une date antérieure à celle à laquelle l'assureur a eu connaissance des faits litigieux.

Exemple : dans une affaire, l'assureur avait fait état d'une fausse déclaration intentionnelle de son assuré à l'occasion d'une instance pénale ; ensuite, l'assureur avait exercé contre son assuré un recours en annulation de la police et en remboursement d'indemnités versées à la victime ; son recours, qui n'était que la conséquence de la nullité qu'il avait déjà invoquée, aurait dû être exercé dans les deux ans suivant la date à laquelle il avait eu connaissance de la fausse déclaration. (• *Cass. 1ère civ., 25 mars 1991 : R.G.A.T. 1991, p. 565).*

Par contre, et par parenthèse, si l'assureur se retourne contre son assuré pour lui demander le remboursement d'une indemnité versée à un tiers, malgré une déchéance encourue par l'assuré, le point de départ de la prescription sera la date du paiement effectué par l'assureur au tiers.

§ 2. Recours d'un tiers contre l'assuré

En pratique, il s'agit d'un sinistre causé par un assuré à un tiers. Ce tiers, victime, se retourne contre l'assuré pour lui réclamer la réparation de son préjudice. S'il ne se retourne pas également contre l'assureur, c'est que, généralement, il en ignore l'existence. Mais, l'assuré aura intérêt à faire intervenir son assureur, pour lui faire prendre en charge les dommages et intérêts. Il disposera de deux ans pour se retourner contre son assureur et le code précise quel est le point de départ de ce délai de prescription.

L'article L.114-1, 3ème alinéa, dispose : « Quand l'action de l'assuré contre l'assureur a pour cause le recours d'un tiers, le délai de la prescription ne court que du jour où ce tiers a exercé une action en justice contre l'assuré ou a été indemnisé par ce dernier. »

Il est donc prévu deux cas : soit, le tiers a exercé une action en justice contre l'assuré ; soit, l'assuré a indemnisé le tiers.

Il s'agit, dans le second cas, d'une indemnisation faite à l'amiable, d'une transaction, et non pas d'une indemnisation contrainte et forcée en exécution d'une décision de justice.

Quant à « l'action en justice contre l'assuré », c'est le plus souvent une assignation à comparaître devant un tribunal. C'est aussi tout acte intervenant au cours d'une procédure et dont la finalité est d'obtenir des dommages et intérêts. L'assuré, de façon générale, doit se retourner contre son assureur à partir du moment où ce qui lui est réclamé est susceptible d'être garanti par son contrat d'assurance.

Ainsi, en cas de poursuites pénales, le point de départ de l'action de l'assuré contre son assureur de responsabilité n'est pas la date de constitution de partie civile par la victime, mais la date de l'audience à laquelle cette victime sollicite l'allocation de dommages-intérêts *(• Cass. 2ème civ., 8 oct. 2009, n° 08-17151 : RC et Ass. 2009, comm. 375).*

A noter qu'une simple demande judiciaire de désignation d'un expert, selon la procédure d'urgence dite de « référé » est une action en justice qui est le point de départ du délai de deux ans pour se retourner contre son assureur *(• Cass. 1ère civ., 18 juin 1996 : R.G.D.A. 1996, p. 624).* Selon ce dernier arrêt, « une assignation en référé en vue de la nomination d'un expert constitue une action en justice ». Cette formule est reprise dans l'arrêt suivant : • *Cass. 2ème civ., 3 sept. 2009, n° 08-18092 : RC et Ass., 2009, comm. 341.*

La règle ci-dessus concerne bien évidemment les assurances de responsabilité, mais elle peut aussi concerner toute autre assurance. Son champ d'application qui avait, à l'origine, été limité aux assurances de responsabilité, a été élargi par un arrêt du 21 novembre 2000 de la Cour de cassation, *(• Cass. 1ère civ., 21 nov. 2000 : R.G.D.A. 2000, p. 1058)* : « … les dispositions spéciales de l'article L.114-1 du code des assurances relatives au recours d'un tiers contre l'assuré ne sont pas limitées à la mise en œuvre des assurances de responsabilité ».

Mais, lorsque les liens entre le prétendu « tiers » et l'assuré sont contractuels, les dispositions spéciales de l'article L.114-1 ci-dessus ne s'appliquent pas.

Ainsi, en est-il lorsqu'une personne souscrit un emprunt cautionné par une autre personne : lorsque cette dernière, après avoir remboursé tout ou partie de l'emprunt, se retourne devant le tribunal, contre le débiteur principal, celui-ci ne peut prétendre faire l'objet du recours d'un tiers.

Exemple : en l'espèce, l'emprunteur n'avait pas remboursé son emprunt en prétextant la survenue d'un état d'invalidité contre lequel il avait souscrit une assurance. Mais, il aurait dû se retourner contre son assureur dès que cette invalidité s'était manifestée, l'empêchant de rembourser le prêt et non pas attendre que la caution, après avoir payé, l'ait assigné, car cette assignation ne lui ouvrait pas un nouveau délai de deux ans, ne s'agissant pas du « recours d'un tiers ». Selon l'arrêt, la caution « subrogée dans les droits du créancier désintéressé, n'était pas, au sens de l'article L 114-1, alinéa 3, du code des assurances, un tiers » vis-à-vis de l'assuré. (▪ *Cass. 1ère civ., 29 avril 2003 : R.G.D.A. 2003, p. 696).*

On citera le cas particulier de l'assurance de groupe souscrite par un établissement de crédit et à laquelle adhère un emprunteur pour la garantie de certains risques (incapacité, invalidité, décès, par exemple). En ce domaine, la Cour de cassation a posé les règles suivantes dans deux arrêts du 27 mars 2001 (▪ *Cass. 1ère civ., 27 mars 2001 : R.G.D.A. 2001, p. 354)* : « … la prescription de l'action de l'assuré contre l'assureur ne commence à courir qu'à compter du premier des deux évènements suivants : **soit** le refus de garantie de l'assureur, **soit** la demande en paiement de l'établissement de crédit bénéficiaire de l'assurance par l'effet de la stipulation faite à son profit ». (Il y a, dans cette position, une exception au principe selon lequel un refus de garantie n'est jamais le point de départ de la prescription).

La demande en paiement émanant de l'établissement de crédit peut intervenir alors que aucun des risques assurés ne s'est réalisé. Au cas où surviendrait donc ultérieurement l'un de ces risques, quel serait le point de départ du délai de prescription ? La cour de cassation répond (▪ *Cass. 2ème civ., 13 juillet 2006, n° 05-15603 : R.G.D.A. 2006, p. 973, 2ème espèce)* : « … la demande en paiement étant intervenue avant la date de réalisation du risque garanti, la prescription de l'action de l'assuré contre l'assureur ne commençait à courir qu'à compter du refus de garantie de l'assureur… ».

Section 3. Causes d'interruption et de suspension de la prescription

L'interruption de la prescription est un événement qui anéantit le délai de la prescription déjà couru et qui a pour effet qu'il faut, ensuite, repartir de zéro.

Plus familièrement, on peut dire qu'une interruption de prescription remet le compteur à zéro.

Exemple : sinistre vol survenu et découvert le 15 mai 2000 ; durée de la prescription du recours contre l'assureur, 2 ans ; événement interruptif survenant le 1er mars 2001, entraînant l'annulation du temps déjà écoulé et ouvrant un nouveau délai de 2 ans commençant à courir ce 1er mars 2001.

La suspension de la prescription est un événement qui n'annule pas le temps pendant lequel la prescription a commencé à courir, mais qui l'arrête provisoirement, jusqu'à ce que cette suspension ait cessé ses effets ; ensuite, la prescription recommence à courir pour le temps restant, initialement prévu.

Pour reprendre la comparaison ci-dessus, on dira que la suspension arrête le compteur, qui va repartir dès qu'elle aura cessé ses effets.

Nous verrons successivement les causes d'interruption et celles de suspension.

§ 1. Les causes d'interruption de la prescription

Le code des assurances énumère, à l'article L.114-2, les causes d'interruption : « La prescription est interrompue par une des causes ordinaires d'interruption de la prescription et par la désignation d'experts à la suite d'un sinistre. L'interruption de la prescription de l'action peut, en outre, résulter de l'envoi d'une lettre recommandée avec accusé de réception adressée par l'assureur à l'assuré en ce qui concerne l'action en paiement de la prime et par l'assuré à l'assureur en ce qui concerne le règlement de l'indemnité. »

Il y a donc deux séries de causes : les causes générales d'interruption et les causes spécifiques au droit des assurances.

A. Les causes générales d'interruption

Ce sont des causes valables pour toutes les prescriptions. On les trouve dans le code civil, soit, pour l'essentiel :

- citation en justice, même en référé ;
- acte d'exécution forcée ;
- reconnaissance que le débiteur fait du droit de celui contre lequel il prescrivait ;
- assignation annulée en cas de vice de procédure ;
- demande portée devant une juridiction incompétente.

Il convient de préciser que, si l'article 2232 nouveau du code civil dispose qu'une interruption de la prescription « ne peut avoir pour effet de porter le délai de la prescription extinctive au-delà de vingt ans à compter du jour de la naissance du droit », cette disposition n'est pas applicable à l'interruption causée par une demande en justice, même en référé, ni à celle due à un acte d'exécution forcée.

1. Citation en justice

C'est une assignation, c'est-à-dire un acte délivré par un huissier, pour comparaître devant un tribunal.

Une citation en « référé », c'est une assignation à comparaître devant un tribunal « statuant en référé », c'est-à-dire selon une procédure d'urgence. Elle est utilisée souvent pour obtenir une provision et/ou la désignation d'un expert.

La citation en justice, même en référé, à l'initiative de l'assuré contre l'assureur, interrompt donc la prescription.

Par contre, si l'assureur estime le sinistre particulièrement douteux et porte plainte contre l'assuré, par exemple pour tentative d'escroquerie, cette procédure et le fait pour l'assuré de se défendre contre les poursuites engagées contre lui, n'interrompent pas le délai de prescription de son recours en indemnité contre son assureur. L'assuré doit donc veiller à interrompre le délai de prescription aussi souvent qu'il sera nécessaire (par exemple, au moyen d'une lettre recommandée, avec A.R, de réclamation, comme nous le verrons ci-après), s'il estime que l'assureur s'est fourvoyé et qu'il n'y a jamais eu tentative d'escroquerie de sa part.

En cas d'assignation en justice, l'effet de l'interruption se poursuit jusqu'à l'extinction de l'instance, mais (art. 2243 nouveau du code civil) « l'interruption est non avenue si le demandeur se désiste de sa demande ou laisse périmer l'instance, ou si sa demande est définitivement rejetée. » *(Laisser « périmer » l'instance, c'est la laisser s'éteindre par suite d'inaction prolongée. Non avenue = nulle).*

Exemple : dans une affaire de responsabilité décennale opposant un maître d'ouvrage à un constructeur, le premier avait assigné, en intervention forcée, devant la cour d'appel, l'assureur du constructeur ; l'assignation avait été délivrée peu avant l'expiration du délai de dix ans de responsabilité du constructeur, mais elle avait été déclarée nulle par la cour d'appel, par un arrêt ayant acquis l'autorité de chose jugée, de sorte que l'interruption de la prescription n'avait, en réalité, pas eu lieu *(▪ Cass. 2ème civ., 8 avril 2004, n° 02-16116: R.C. et Ass., 2004, comm. 223).*

Une précision importante doit être signalée : « l'interruption de la prescription de l'action en responsabilité dirigée contre l'assuré est sans effet sur l'action directe dirigée contre l'assureur » (▪ *Cass. 2ème civ., 17 févr. 2005, n° 03-16590 : R.G.D.A. 2005, p. 433)*.

Il en résulte que, si l'on veut éviter toute mauvaise surprise, le cas échéant, il convient lorsque l'on exerce un recours contre un tiers, de ne pas oublier de l'exercer pareillement contre l'assureur de ce dernier.

Enfin, dans une affaire où l'entreprise avait été assignée en référé-expertise et où elle avait appelé en cause ses deux assureurs, l'un d'eux, seulement, ayant fait appel de l'ordonnance de référé, la Cour de Cassation a jugé que la prolongation de l'effet interruptif, par suite de l'appel, devait profiter à l'autre assureur : « …l'effet interruptif de la prescription résultant d'une action en justice se prolonge à l'égard de toutes les parties, jusqu'à ce que le litige ait trouvé sa solution » (▪ *Cass. 2ème civ., 19 juin 2008, n° 07-15343 : RC et Ass. 2008, comm. 275)*.

A noter que, en l'absence d'appel, « l'effet interruptif de l'assignation en référé s'achève par le prononcé de l'ordonnance » et n'est donc pas prolongé tant que dure le délai pour interjeter appel (▪ *Cass. 2ème civ., 25 juin 2009, n° 08-14243 : RC et Ass. 2009, comm. 309)*.

2. Acte d'exécution forcée

Le nouvel article 2244 du code civil dispose que « le délai de prescription ou le délai de forclusion est également interrompu par un acte d'exécution forcée ».

Il n'est plus fait état du « commandement » ou de « l'injonction de payer », ou de la « saisie ». Le code se borne, désormais, à ne viser que tout acte d'exécution forcée, c'est-à-dire impliquant une contrainte.

A signaler un arrêt intéressant (▪ *Cass. 2ème civ., 11 déc. 2008, n° 07-16260 : R.T.D. civ. 2009, p. 167, obs Perrot)* : la signification d'une ordonnance d'injonction de payer interrompt la prescription de la créance à recouvrer dans les mêmes conditions qu'une assignation ; l'effet interruptif est prolongé jusqu'à extinction de l'instance (article 2244 ancien du code civil et, actuellement, articles 2241 et 2242).

3. Reconnaissance interruptive de prescription

La reconnaissance que le débiteur fait du droit de celui contre lequel il prescrivait, interrompt aussi la prescription.

Elle est visée par le nouvel article 2240 du code civil.

C'est, par exemple, la reconnaissance par l'assuré du bien-fondé de la réclamation d'un arriéré de prime ou de cotisation, qu'il n'a pas encore payé. C'est aussi la reconnaissance par l'assureur de l'indemnité qu'il doit à l'assuré, suite au sinistre déclaré par ce dernier. C'est également le cas du versement d'une provision, sans réserve.

La reconnaissance doit, en effet, être sans ambiguïté. Mais, elle n'entraîne qu'une interruption de la prescription, laquelle recommence à courir.

Exemple : un assureur avait fait un paiement partiel le 2 mai 1989, suivi d'une assignation lancée par son assuré le 10 décembre 1992, soit plus de deux ans après ; la Cour juge que : « ...l'acte interruptif du cours de la prescription résultant d'une reconnaissance par le débiteur du droit du créancier fait courir, à compter de sa date, un nouveau délai de prescription de deux ans et n'a pas pour effet de frapper le débiteur d'une déchéance du droit d'invoquer la nouvelle prescription ». (• *Cass. 1ère civ., 3 mars 1998 : RC et Ass., 1998, comm. 216).*

Qu'en est-il d'une reconnaissance partielle du droit du créancier ?

A cette question, la Cour de Cassation répond, au visa des articles L114-1 du code des assurances et 2248 ancien du code civil (actuellement article 2240) : « la reconnaissance, même partielle, que le débiteur fait du droit de celui contre lequel il prescrivait, entraîne pour la totalité de la créance un effet interruptif de prescription qui ne peut se fractionner". Il s'agissait, en l'espèce, d'une assurance-groupe avec indexation. Alors que la rente était versée depuis 1994, l'assignation pour réclamer les revalorisations n'avait été lancée que le 21 mai 2003. Malgré le retard, la demande de revalorisation était recevable, même pour la période antérieure au 21 mai 2001 (• *Cass. 2ème civ., 16 nov. 2006, n° 05-18287 : RC et Ass. 2007, comm. 73).*

A relever que, dans un arrêt suivant, du 10 mai 2007, la 2ème chambre civile a plus opportunément visé l'article L 114-2, du code des assurances, à la place de l'article L 114-1 *(• Cass. 2ème civ., 10 mai 2007, n° 05-21381 : RC et Ass. 2007, comm. 263).*

4. Assignation annulée en cas de vice de procédure

C'est un nouveau cas d'interruption de la prescription prévu par le nouvel article 2241 du code civil.

Avant la réforme de la prescription, opérée par la loi du 17 juin 2008, la nullité d'une assignation pour défaut de forme avait pour effet de rendre non-avenue l'interruption de la prescription.

Désormais, un vice de procédure entachant une assignation n'aura aucun effet sur l'interruption de la prescription, laquelle demeurera acquise.

5. Demande portée devant une juridiction incompétente

Toute demande en justice, même en référé, portée devant une juridiction incompétente, interrompt le délai de la prescription, selon le nouvel article 2241 du code civil.

C'était déjà le cas, avant la réforme et la Cour de Cassation avait précisé qu'il s'agissait de tous les délais pour agir et de tous les cas d'incompétence (▪ *Cass. ch. mixte, 24 nov. 2006, n° 04-18610 : Dalloz 2007.J. 1112*).

En plus des causes générales d'interruption de la prescription, il y a des causes spécifiques au droit des assurances, qui sont, d'ailleurs, simples à mettre en œuvre.

B. Les causes spécifiques d'interruption

Elles sont au nombre de deux :
- la désignation d'expert à la suite d'un sinistre ;
- la lettre recommandée avec accusé de réception.

1. La désignation d'expert après un sinistre

Lorsque l'assureur ou l'assuré mandate un expert, pour faire un rapport sur le sinistre, la prescription est interrompue.

Le code des assurances parle de toute désignation d'expert en général, que ce soit donc par l'assureur ou par l'assuré. C'est ce qu'affirme également un arrêt de la Cour de cassation : « Attendu que toute désignation d'expert a un effet interruptif de prescription. » (▪ *Cass. 1ère civ., 4 mars 1997 : R.G.D.A. 1997, p. 1026*).

Une autre décision ajoute même une précision : « ...toute désignation d'expert à la suite d'un sinistre interrompt la prescription pour tous les chefs de préjudice qui en sont résultés, alors même que l'expertise ne porterait que sur certains d'entre eux ». (▪ *Cass. 1ère civ., 29 fév. 2000 : R.G.D.A. 2000, p. 507 et* ▪ *Cass. 2ème civ. 22 oct. 2009, n° 07-21487 : RC et Ass. 2010, comm. 30, 1ère espèce*).

Et, même si la désignation d'expert concerne évidemment un sinistre, l'assureur peut profiter de l'interruption de la prescription, que cette désignation entraîne, pour assigner, par exemple et s'il y a lieu, son assuré, en nullité de la police d'assurance : « ...la désignation d'expert à la suite d'un sinistre a pour effet d'interrompre la prescription de deux ans relative à *toutes les actions* dérivant du contrat d'assurance ; (que) la cour d'appel a, dès lors, exactement décidé que la Cie AGF Vie, qui avait assigné M. X dans le nouveau délai de deux ans courant à compter de la désignation de l'expert, n'était pas prescrite en son action ». (▪ *Cass. 1ère civ., 24 févr. 2004 : RG.D.A. 2004, p. 396, 1ère espèce).*

Enfin, une dernière indication apportée par une autre décision : il s'agissait d'un assuré, garanti par une police *« dommages ouvrage »* pour des désordres affectant la maison qu'il avait fait construire ; il avait, dans un premier temps, assigné un assureur en référé expertise, et, dans un deuxième temps, assigné deux autres assureurs pour que la mesure d'expertise leur soit étendue, mais sans assigner à nouveau le premier assureur ; suite, enfin, à l'assignation au fond de l'ensemble des intéressés, le premier assureur souleva la prescription en ce qui le concernait, au motif que le délai de deux ans était dépassé dans la mesure où l'extension de l'expertise à deux autres assureurs ne l'avait pas concerné. A quoi, la Cour de cassation a répondu : «…toute décision judiciaire apportant une modification quelconque à une mission d'expertise ordonnée par une précédente décision a un effet interruptif de prescription à l'égard de toutes les parties , y compris à l'égard de celles appelées uniquement à la procédure initiale, et pour tous les chefs de préjudice procédant du sinistre en litige ». *(▪ Cass. 1ère civ., 27 janv. 2004, n° 01-10748 : R.C. et Ass., 2004, comm. 121 et R.G.D.A. 2004, p. 396, 2ème espèce ;* ▪ *Cass. 2ème civ., 22 oct. 2009, n° 08-19840 : Dalloz 2009. AJ. 2685).*

Lorsqu'une demande d'expertise judiciaire sera désormais présentée avant tout procès, il y aura lieu de tenir compte de l'article 2239 nouveau du code civil, introduit par la loi du 17 juin 2008 : la prescription sera suspendue jusqu'au jour où l'expertise sera exécutée (en pratique, jusqu'au jour du dépôt du rapport de l'expert au greffe du tribunal) et elle recommencera alors à courir « pour une durée qui ne peut être inférieure à six mois ». Voir infra, § 2, F, Mesure d'instruction judiciaire avant tout procès.

Par ailleurs, si l'expertise est ordonnée judiciairement, elle n'interrompt la prescription à l'égard de l'assureur que si celui-ci a été appelé dans la procédure.

C'est la position de la Cour de cassation : dans l'affaire qui lui avait été soumise, une société avait été assignée par des particuliers en réparation d'un préjudice qu'elle leur avait causé ; un expert avait été désigné pour évaluer l'étendue du préjudice ; mais, ce n'est qu'ensuite que la société ci-dessus avait assigné son assureur en garantie. Or, la désignation de l'expert n'avait pas interrompu la prescription à l'égard de l'assureur car il n'avait pas été appelé dans la procédure dès avant la désignation de l'expert. Et, en l'espèce, le délai de deux ans était écoulé, de telle sorte que l'assureur ne pouvait plus être tenu à garantie. (▪ *Cass. 1ère civ., 30 mai 1995 : R.G.A.T. 1995, p. 580).* A noter que ce délai de deux ans avait commencé à courir à compter du jour de l'assignation lancée par les particuliers contre la société ci-dessus.

Enfin, nous pensons qu'il convient, si l'assuré désigne lui-même, seul, un expert, qu'il le notifie à l'assureur.

C'est ce qu'a jugé la Cour de cassation dans un arrêt rendu le 21 octobre 2003 . (▪ *Cass. 1ère civ., 21 oct. 2003 : R.G.D.A. 2003, p. 703)* : « Attendu que si toute désignation d'expert a un effet interruptif de prescription, cette interruption ne peut avoir d'effet contre l'assureur que si celui-ci a été convoqué ou a participé aux opérations d'expertise ».

Concrètement, nous donnons le conseil suivant : lorsque l'on désigne soi-même un expert, envoyer une lettre recommandée avec accusé de réception à son propre assureur pour l'en informer, en lui donnant les coordonnées de l'expert désigné et en l'invitant à prendre contact avec lui pour se mettre d'accord sur les rendez-vous d'expertise ; ensuite, veiller à ce que l'assureur, ou l'expert qu'il a alors désigné pour le représenter, soit informé de toute convocation (ainsi, le cours de la prescription aura bien été interrompu par la désignation d'expert et les opérations d'expertise seront contradictoires).

2. L'envoi d'une lettre recommandée avec accusé de réception (L.R. + A.R.)

L'assureur peut utiliser ce moyen lorsqu'il a des arriérés de prime ou de cotisation à réclamer, afin d'éviter que l'assuré ne lui oppose la prescription pour des arriérés de plus de deux ans d'ancienneté. Et l'assuré, qui se heurte à la lenteur de son assureur pour lui verser une indemnité de sinistre, doit envoyer tous les deux ans une L.R + A.R. pour interrompre la prescription.

La date à retenir est celle de l'envoi, et non celle de la réception.

Il est obligatoire que non seulement la lettre soit envoyée en recommandé, mais encore qu'elle le soit avec accusé de réception.

Par exemple, l'envoi d'une lettre simple ou d'un recommandé ordinaire, même s'il en est accusé réception par l'assureur, n'a pas pour effet d'interrompre la prescription.

Mais, l'envoi d'une L.R + A.R interrompt la prescription biennale, même en l'absence de production de l'avis de réception : s'il résulte du récépissé postal que la lettre recommandée a été envoyée avec demande d'avis de réception, peu importe, en l'espèce, que cet avis ne soit pas produit (▪ *Cass. 2ème civ., 10 juill. 2008, n° 07-16597 : RC et Ass. 2008, comm. 306*).

Par ailleurs, la L.R. + A.R. adressée au mandataire de l'assureur (agent général d'assurance) pour réclamer l'exécution de la garantie, interrompt la prescription.

En toute hypothèse, la L.R. + A.R. doit préciser qu'elle a pour objet de réclamer le paiement de l'indemnité.

Jugé que concerne le règlement de l'indemnité, la L.R. + A.R. réclamant l'exécution de la garantie au titre d'un sinistre, même si l'expertise judiciaire en cours ne permet pas de chiffrer la demande (▪ *Cass. 3ème civ., 17 juin 2009, n° 08-14404 : R.G.D.A. 2009, p.. 759*).

A signaler par parenthèse que, depuis la loi du 17 juin 2008, en cas de mesure d'instruction demandée au juge avant tout procès, la prescription est suspendue en application de l'article 2239 nouveau, du code civil (voir infra § 2, F).

Avant de quitter l'étude des causes d'interruption de la prescription, nous attirons l'attention du lecteur sur le fait que si l'assureur, pour tenter d'échapper à ses obligations, se livre à des manœuvres destinées à détourner l'assuré de son obligation d'interrompre la prescription avant qu'il ne soit trop tard, ce comportement serait sanctionné par la déchéance du droit d'opposer la prescription ou par la mise en jeu de la responsabilité de l'assureur.

Ainsi, au cas où l'assureur recourt à des manœuvres tendancieuses pour détourner l'assuré de son devoir d'interrompre la prescription en temps utile, il a été jugé que ces manœuvres déloyales engagent sa responsabilité contractuelle à l'égard de son assuré : on peut citer, par exemple, un arrêt de la Cour de cassation, du 26 novembre 1996 (*Cass. 1ère civ., 26 nov. 1996 : RC et Ass. 1997, comm. 75)* ; cet arrêt relève « un silence malicieux », des correspondances avec l'assuré ayant « endormi sa vigilance » et confirme que « l'assureur, tenu d'une obligation de loyauté dans la mise en œuvre du processus d'indemnisation après la survenance d'un sinistre, avait commis une faute contractuelle dont il devait réparation ».

Mais, l'assureur ne saurait être tenu de rappeler systématiquement à son assuré les mesures à prendre en temps utile concernant la prescription. C'est ce qu'a indiqué clairement un arrêt du 2 juillet 2002 de la Cour de cassation *(*Cass. 1ère civ., 2 juill. 2002 : RC et Ass., 2002, comm. 314)*, en ces termes : « l'assureur n'est pas tenu de rappeler à l'assuré les modes d'interruption de la prescription biennale, nécessairement mentionnés dans la police, en application de l'article R.112-1, alinéa 2, du code des assurances ».

§ 2. Les causes de suspension de la prescription

Certains évènements suspendent le délai de la prescription. Ce délai s'arrête donc provisoirement de courir. Mais, une fois la cause de suspension disparue, le délai recommence à nouveau à courir, compte tenu du temps déjà écoulé avant que n'intervienne la suspension.

Nous examinerons les six cas de suspension suivants :
- impossibilité d'agir ;
- direction du procès par l'assureur ;
- suspension conditionnelle ;
- minorité ;
- médiation ou conciliation ;
- mesure d'instruction judiciaire avant tout procès.

Toutefois, avant d'examiner les cas de suspension, nous précisons que la loi du 17 juin 2008 interdit de modifier la durée de la prescription, de prévoir des causes supplémentaires de suspension ou d'interruption et ce, même d'un commun accord (art. L114-3, nouveau du code des assurances).

Pour mémoire, la Cour de Cassation déclarait nulle toute clause convenant de suspendre le cours de la prescription de deux ans ayant commencé à courir à la suite d'un sinistre. La motivation en était que les articles du code des assurances sur la prescription sont d'ordre public, c'est-à-dire qu'ils ne peuvent être modifiés par convention. (• *Cass. 1ère civ., 25 nov. 1992 : RC et Ass. 1993, comm. 56).*

A. Impossibilité d'agir

Ce doit être une impossibilité particulièrement contraignante, qui empêcherait d'interrompre tout simplement la prescription par l'envoi d'une L.R.+ A.R..

L'article 2234 nouveau, du code civil, énumère : l'empêchement résultant de la loi ; celui résultant d'une convention et la force majeure.

La Cour de cassation a ainsi admis des troubles mentaux continus, ayant mis l'intéressé dans l'impossibilité d'agir pendant une certaine période (* Cass. 1*ère* civ., 4 avril 1984 : R.G.A.T. 1985, p. 61). C'est un cas assimilable à la force majeure.

Un arrêt plus récent (* Cass. 1*ère* civ., 1*er* juillet 2009, n° 08-13518 : Dalloz 2009. J. 2660) concerne un cas d'annulation de conventions (contrat de bail, avec reconduction, notamment) passées à partir de 1980, alors que la bailleresse était sous l'empire d'un trouble mental depuis 1979. Elle avait été mise sous tutelle en 1993. L'impossibilité d'agir dans laquelle elle s'est trouvée entre 1980 et 1993 a eu pour effet la suspension de la prescription (5 ans en l'espèce) de l'action en nullité des conventions.

Un autre arrêt du 4 janvier 2006 (* Cass. 2*ème* civ., 4 janv. 2006, n° 02-11876 : R.G.D.A. 2006, p. 89) a admis un cas d'impossibilité lorsque l'assuré « n'a pas d'intérêt à agir » contre son assureur.

Il s'agissait, en l'espèce, d'une affaire assez peu banale, concernant un immeuble « édifié sur une cave voutée et s'ouvrant sur une terrasse délimitée par une muraille ancienne, construite sur une falaise dont la partie basse était consolidée par un mur de soutènement longeant une rue située en contrebas ». Il y eut, en 1986, un éboulement partiel. La question était de savoir qui était propriétaire du sol d'assise et de la partie basse des remparts (mur de soutènement). Les époux X, propriétaires de l'immeuble ci-dessus et, étant assurés, avaient déclaré le sinistre à leur assureur. Un jugement, rendu en 1987, avait déclaré que les époux X n'étaient pas propriétaires de la muraille basse. En conséquence, un autre jugement, rendu en 1988, débouta le maire de la commune de son action en réparation des dommages, dirigée contre les époux X.

Mais, en 1998, la cour d'appel a réformé le jugement de 1987 et a décidé que les époux X étaient propriétaires des différentes parties de la muraille et de la falaise et que l'effondrement avait pour origine une mauvaise tenue du sol de leur propriété. Les époux X, reconnus responsables, avaient donc alors tout intérêt à agir contre leur assureur, ce qu'ils firent quelques mois plus tard.

La Cour de Cassation a admis, avec bon sens que, jusqu'à l'arrêt de 1998, rendu par la cour d'appel, reconnaissant le droit de propriété des époux X sur les différentes parties de la muraille et de la falaise, ceux-ci n'avaient pas d'intérêt à agir contre leur assureur. L'impossibilité d'agir dans laquelle ils s'étaient trouvés avait suspendu la prescription jusqu'à cet arrêt d'appel.

B. Direction du procès par l'assureur

Une autre cause de suspension est la direction, par l'assureur, du procès intenté par la victime à son assuré. La suspension est maintenue jusqu'à la fin de la procédure.

Ainsi, le rappelle la Cour de cassation en ces termes : « ... le fait par l'assureur d'user du droit que lui confère l'assuré dans le contrat d'assurance de diriger le procès intenté à celui-ci par la victime suspend, tant que dure cette direction, le cours de la prescription... » (▪ *Cass. 1ère civ., 3 novembre 1988 : R.G.A.T. 1989, p. 111).*

Ensuite, en vertu du mandat de direction du procès, donné dans la police d'assurance à l'assureur, celui-ci doit rendre compte de l'issue de la procédure à l'assuré, pour que ce dernier soit en mesure d'exercer ses droits, la prescription recommençant alors à courir.

C. Suspension conditionnelle

C'est un cas intéressant à connaître par les particuliers, qui concerne la suspension du délai de prescription lorsque le droit que l'on veut faire valoir est soumis à une condition qui doit d'abord être réalisée pour que ce droit existe.

C'est la règle selon laquelle « la prescription ne court pas à l'égard d'une créance qui dépend d'une condition, jusqu'à ce que la condition arrive » (article 2233 nouveau, du code civil).

De plus, ne sera pas applicable le délai butoir de 20 ans, à compter du jour de la naissance du droit, par dérogation à l'article 2232 nouveau, alinéa 1er, du code civil, concernant le report du point de départ de la prescription.

Cela se rencontre, par exemple, en assurance incendie, avec garantie de valeur à neuf.

Prenons un exemple :

Un incendie survient le 15 janvier 2000. Les experts sont désignés le 17 janvier 2000. Aux termes de leur rapport déposé quelques mois plus tard, il est dû par l'assureur une somme de X euros immédiatement, correspondant à l'estimation du préjudice vétusté déduite et une indemnité, dite différée, de Y euros, correspondant, selon la police d'assurance, au supplément « valeur à neuf », si le bien est reconstruit dans un délai de deux ans suivant la date du sinistre, c'est-à-dire, avant le 15 janvier 2002. Supposons que les travaux de reconstruction aient effectivement eu lieu et que le P.V. de réception ait été dressé à la date du 31 décembre 2001.

L'assuré présente, ensuite, son dossier de réclamation (factures notamment) le 15 mai 2002 pour obtenir le paiement de l'indemnité différée Y.

La condition qui était la reconstruction du bien dans les deux ans suivant le sinistre a été satisfaite, puisqu'elle a été constatée le 31-12-2001, c'est-à-dire avant le 15 janvier 2002.

A partir de quand court le délai de prescription de deux ans pour réclamer l'indemnité différée ?

Ce délai ne peut commencer à courir qu'à partir du 31-12-2001, date de réalisation de la condition de reconstruction. En présentant sa réclamation pour l'indemnité différée le 15 mai 2002, l'assuré n'est pas forclos : sa réclamation n'est pas tardive.

C'est ce qui résulte, par exemple, d'un arrêt du 4 avril 1995 (▪ *Cass. 1ère civ., 4 avril 1995 : R.C. et Ass., 1995, comm. 244 et Dalloz 1996. Somm. 189. Note Groutel)* : « ... le paiement de l'indemnité différée étant subordonné à la condition de la reconstruction de l'immeuble et de la justification du coût de celle-ci, la prescription n'avait pu courir contre le syndicat des copropriétaires qu'à compter de la réalisation de ces conditions » (en pratique, à partir de la date d'achèvement de la reconstruction si elle était intervenue dans les deux ans du sinistre).

D. Minorité

Le code des assurances, dans sa version d'origine, de 1976, précisait au 1er alinéa de l'article L 114-2, que « la prescription de deux ans court même contre les mineurs, les majeurs en tutelle et tous incapables ».

Mais la disposition ci-dessus a été abrogée par une loi du 31 déc. 1989.

Aujourd'hui, il convient de faire application de la règle générale contenue dans l'article 2235 nouveau, du code civil, selon laquelle la prescription « ne court pas ou est suspendue contre les mineurs non émancipés et les majeurs en tutelle » (sauf exception pour ce qui est payable par année ou à des termes périodiques plus courts).

La prescription ne commencera donc à courir qu'à la majorité de l'intéressé (sauf le cas d'émancipation).

Cette suspension est, toutefois, « purement personnelle et cesse de produire effet à l'égard de la partie subrogée dans ses droits, à partir du jour de la subrogation » (• Cass. 2ème civ., 4 juill. 2007, n° 06-15644 : JCP G 2007-IV-2672).

E. Médiation et conciliation

C'est un nouveau cas de suspension, ajouté par la loi du 17 juin 2008 (article 2238 nouveau, du code civil).

Ce ne sont pas tous les cas de recours à la médiation ou à la conciliation qui suspendent le cours de la prescription.

Il convient, en effet, qu'il y ait d'abord un « litige » (procès). Pour aider à trouver une solution à ce litige, les parties concernées peuvent se mettre d'accord pour arrêter la procédure et recourir à la médiation ou à la conciliation. Il y aura, alors, suspension de la prescription à partir du jour de l'accord écrit ou du jour de la première réunion de médiation ou de conciliation.

Le médiateur sera, a priori, un médiateur judiciaire désigné par le tribunal. Il semble qu'il ne faille, d'ailleurs, pas faire de différence entre médiateur et conciliateur, le texte de l'article 2238 mentionnant médiateur et conciliateur, c'est-à-dire une tierce personne.

Ensuite, le délai de prescription recommence à courir à partir de la fin de la médiation ou conciliation, pour une durée d'au moins six mois à partir de la date à laquelle l'une ou les parties, ou le médiateur ou le conciliateur, déclarent que cette médiation ou conciliation est terminée.

Enfin, il semble ne s'agir que de la médiation ou conciliation judiciaire et non de celle qui peut être prévue dans une police d'assurance, car l'article ci-dessus du code civil dispose qu'il doit d'abord y avoir survenance d'un litige.

De plus, le contrat d'assurance ne pourrait pas prévoir une cause de suspension conventionnelle, s'ajoutant aux causes de suspension qui sont autorisées par les textes en vigueur (art. L 114-3 nouveau, du code civil).

F. Mesure d'instruction judiciaire avant tout procès

Jusqu'à la loi du 17 juin 2008, réformant la prescription en matière civile, une mesure d'instruction (une expertise le plus souvent) ne suspendait pas le délai de prescription, lequel, ayant été interrompu par la désignation d'un expert, recommençait aussitôt à courir pour deux ans, conformément au code des assurances. Or, l'expertise pouvait durer plus de deux ans et il fallait donc, de nouveau, ne pas oublier d'interrompre la prescription avant l'expiration du délai de deux ans.

Désormais, le nouvel article 2239 du code civil dispose que « la prescription est également suspendue lorsque le **juge** fait droit à une demande de mesure d'instruction présentée **avant** tout procès ».

Il s'agira, en pratique, de la demande de désignation d'un expert présentée au juge des référés, avant toute assignation au fond (sur le fond du dossier).

Par exemple, l'acheteur d'un véhicule, soupçonnant la présence d'un vice caché, pourra assigner son vendeur en référé pour obtenir la désignation d'un expert judiciaire. Ce n'est qu'après étude du rapport de l'expert, qu'il décidera s'il convient ou non d'engager une action en garantie contre son vendeur.

L'article 2239 du code civil ajoute que le délai « recommence à courir » pour au moins six mois à compter du jour où la mesure a été exécutée, c'est-à-dire, à notre avis, à compter de la date du dépôt du rapport d'expertise au greffe du tribunal.

Mais, comment concilier cette nouvelle disposition avec l'article 2241 du code civil qui dispose que la demande en justice, même en référé, interrompt la prescription : dès le prononcé de l'ordonnance de référé désignant un expert, un délai de deux ans commence ainsi à courir, en droit des assurances ?

Afin de reconnaître un effet utile à la suspension prévue par l'article 2239, il semble qu'il faille comprendre que la prescription, interrompue par la demande en référé, au lieu de recommencer à courir dès l'ordonnance de désignation de l'expert, sera suspendue jusqu'à la fin de l'expertise. A ce moment, elle recommencera à courir pour deux ans. Le délai de six mois, accordé par l'article 2239 du code civil, ne sera donc pas utile, en droit des assurances, puisque inférieur à celui de deux ans.

Sous réserve, évidemment de ce que jugera, le moment venu, la Cour de Cassation qui peut décider qu'il s'agit d'une mesure dérogatoire excluant l'interruption.

En pratique, le délai de six mois est, de toute façon, largement suffisant pour prendre position après l'expertise et pour assigner au fond, si nécessaire.

Section 4. Mise en œuvre et effets de la prescription

§ 1. Mise en œuvre

Il convient de préciser qui peut opposer la prescription et à qui, et d'examiner la possibilité d'une renonciation au bénéfice de la prescription.

A. Qui peut opposer la prescription ?

Seuls, l'assureur, l'assuré ou toute personne subrogée dans leurs droits, peuvent se prévaloir de la prescription spécifique instituée par le code des assurances pour toutes actions dérivant du contrat d'assurance.

La personne subrogée est celle qui, après avoir payé un créancier, prend la place de celui-ci pour exercer ses droits contre son débiteur.

Il convient d'ajouter (art. 2253 nouveau du code civil) que « les créanciers ou toute autre personne ayant intérêt à ce que la prescription soit acquise, peuvent l'opposer ou l'invoquer lors même que le débiteur y renonce ».. Il s'agit, en effet, de protéger les droits des tiers qui, étant eux-mêmes créanciers, ont intérêt, en invoquant la prescription de certaines créances avec lesquelles ils sont en concours, à ce que le patrimoine de leur débiteur soit grevé par le moins de dettes possible.

Par contre, la prescription ne peut pas être soulevée d'office par le tribunal, à la place de la partie qui peut l'invoquer (et qui peut aussi avoir eu l'intention d'y renoncer).

B. A qui opposer la prescription ?

La prescription pourra être opposée par l'assureur à l'assuré, qui lui réclame tardivement le paiement d'un sinistre et par l'assuré à l'assureur, si celui-ci lui réclame des arriérés de prime ou de cotisation, anciens, au sujet desquels il aura omis d'interrompre la prescription.

Sachant, en outre, que le code des assurances précise que « l'assureur peut opposer au porteur de la police ou au tiers qui en invoque le bénéfice les exceptions opposables au souscripteur originaire » (art. L.112-6), l'exception de prescription, opposable à l'assuré, pourra l'être également à toute personne voulant se prévaloir du contrat d'assurance.

Exemple : X se fait prêter par un ami Y divers biens mobiliers ; X les assure contre le vol ; survient un vol ; X fait sa déclaration de sinistre, mais, étant négligent, il ne donne pas suite en constituant un dossier de réclamation ; lorsque Y lui demande de lui rendre ses biens ou de les lui rembourser, si la prescription du recours de X contre son assureur est acquise, cet assureur pourra l'opposer non seulement à X, mais aussi à Y, propriétaire des biens volés, si ce dernier demande à bénéficier du contrat d'assurance.

A noter, et c'est important, que lorsque l'assureur de responsabilité fait l'objet d'un recours direct d'un tiers-victime, il ne pourra pas opposer à celui-ci la prescription de deux ans. Le recours de la victime a, en effet, pour cause son droit à réparation du préjudice entraîné par l'accident dont l'assuré est responsable. C'est, alors, la prescription de droit commun qui s'applique au recours de la victime contre l'assureur du responsable de l'accident (par exemple, en cas d'accident avec dommage corporel, la prescription est de dix ans, non plus à compter de la manifestation du dommage ou de son aggravation, mais à compter de la date de la consolidation du dommage initial ou aggravé (art. 2226 nouveau, du code civil).

La Cour de cassation, dans le cas qui précède, accorde même à la victime une prolongation de délai pour agir contre l'assureur du responsable lorsqu'elle ne l'assigne pas en même temps que son assuré responsable du dommage : « l'action directe (recours) de la victime contre l'assureur de responsabilité, qui trouve son fondement dans le droit de la victime à réparation de son préjudice, se prescrit par le même délai que son action contre le responsable et peut être exercée contre l'assureur, au delà de ce délai, tant que celui-ci reste exposé au recours de son assuré » (▪ Cass. 1ère civ., 29 oct. 2002 : R.G.D.A. 2003, p. 63 ; ▪ Cass. 3ème civ.,17 mars 2004 : R.G.D.A. 2004, p. 456 ; ▪ Cass. 2ème civ., 13 sept. 2007, n° 06-16868 : R.G.D.A. 2007, p. 903).

Exemple : accident survenu le 15 octobre 1998, avec dommages corporels causés à la victime ; la consolidation des blessures intervient le 31 décembre 1998 ; la victime assigne l'assuré responsable le 15 septembre 2008, c'est-à-dire avant la fin du délai de prescription de dix ans de son recours en responsabilité, (soit le 31 décembre 2008, voire même le 15 octobre 2008, pour tenir compte des dispositions transitoires de l'article 26 de la loi du 17 juin 2008) ; l'assuré responsable, ainsi assigné, va pouvoir se retourner en garantie contre son propre assureur dans les deux ans qui suivent le jour où lui-même a été assigné, soit jusqu'au 15 septembre 2010 ; la victime, si elle veut alors rechercher également la garantie de cet assureur aura aussi jusqu'au 15 septembre 2010 pour l'assigner valablement ; elle bénéficie donc d'une prolongation du délai de 10 ans qui lui était initialement imparti. Mais, si la victime assigne l'assuré responsable plus de deux ans **avant** l'expiration du délai de prescription de dix ans, elle ne bénéficie d'aucune prolongation pour exercer une action directe, séparée, contre l'assureur, le délai de deux ans accordé à l'assuré pour se retourner contre son assureur prenant place, par hypothèse, à l'intérieur du délai de dix ans

C. Renonciation à la prescription

Le code civil dispose (article 2250 nouveau) que « seule une prescription acquise est susceptible de renonciation ».

Ainsi, un assureur peut volontairement renoncer à se prévaloir de la prescription que son assuré aura, par négligence, laissé venir à son terme, sans avoir pensé à l'interrompre.

Dans les assurances des particuliers, nous craignons que ce ne soit assez rare. Car, avant de renoncer à la prescription, l'assureur examine où est son intérêt : a t'il intérêt à refuser de payer un sinistre prescrit, sachant que, s'il le fait, il va perdre son client ? La réponse dépend du montant du sinistre, à mettre en balance avec le montant des primes que paye le client pour toutes les assurances placées chez cet assureur ...

Plus souvent, on pourra être en présence d'une renonciation tacite qui résultera d'un comportement, de circonstances « établissant sans équivoque la volonté de ne pas se prévaloir de la prescription » (art. 2251, 2ème alinéa, du code civil).

Nous relevons, ainsi, dans le *Traité de droit des assurances*, tome 3, sous la direction de Jean Bigot *(• L.D.G.J. 2002, pages 1392 et s.)* plusieurs cas de renonciation tacite à une prescription acquise, cités par M. Kullmann : assureur ayant indiqué qu'il adoptait une position d'attente (attente d'une information quelconque relative au sinistre) ; désignation d'un expert ou participation aux opérations d'expertise ; direction du procès prise par l'assureur après écoulement en sa faveur du délai de prescription.

La renonciation tacite est, toutefois, un concept à manier avec prudence, ainsi que cela ressort d'un arrêt de la Cour de cassation, selon lequel « le fait de participer à une mesure d'instruction ordonnée en référé n'implique pas, à lui seul, la volonté de renoncer au bénéfice d'une prescription, invoquée ensuite dès le début de l'instance devant les juges du fond » *(• Cass. 1ère civ., 23 mars 2004, n° 01-11783 : R.C. et Ass., 2004, comm. 210).* Voir aussi
• *Cass. 3ème civ., 6 juin 2007, n° 05-16027 : R.G.D.A. 2007, p. 827 et*
• *Cass. 3ème civ., 1er déc. 2009, n° 08-20993 : RC et Ass. 2010, comm. 67).*

Dans un ordre d'idée voisin, le non respect par l'assureur d'une formalité peut avoir pour effet de le priver du droit de se prévaloir de la prescription.

Ainsi, dans le cadre de l'assurance « dommages ouvrage » (bâtiment), obligatoire, l'art. L 242-1, 3ème alinéa, du code des assurances, accorde à l'assureur un délai de 60 jours, à partir de la réception de la déclaration de sinistre, pour notifier à l'assuré sa décision sur la garantie. S'il ne le fait pas, sa garantie est considérée comme acquise, même s'il eût été en droit d'opposer la prescription de deux ans : « l'assureur dommages ouvrage est tenu de répondre dans le délai légal à toute déclaration de sinistre et, faute de le faire, il ne peut plus opposer la prescription biennale qui serait acquise à la date d'expiration de ce délai ». *(• Cass. 3ème civ., 26 nov. 2003 : R.G.D.A. 2004, p. 447).*

Toutefois, un nouveau délai de deux ans va commencer à courir, au profit de l'assureur : les dispositions de l'art. L 242-1, 3ème alinéa, ci-dessus, « ne privent pas l'assureur du droit d'invoquer la prescription biennale qui a commencé à courir à compter de l'expiration du délai de 60 jours suivant la réception de la déclaration de sinistre ». (▪ *Cass. 1ère civ., 16 juill. 1998 : R.G.D.A. 1998, p. 728).*

Enfin, en cas de renonciation par l'assureur à la prescription acquise à son profit, il est important de noter que sa décision, même tacite, est définitive, en ce sens qu'elle n'est pas le point de départ d'un nouveau délai.

Ainsi en a décidé la Cour de cassation dans une affaire où l'assureur avait renoncé implicitement au bénéfice de la prescription : au visa des articles L 114-1 du code des assurances et 2220 (actuellement 2250 nouveau) du code civil, la Cour déclare que « la renonciation de l'assureur à une prescription acquise ne fait pas courir un nouveau délai de prescription » (▪ *Cass. 2ème civ., 16 nov. 2006, n° 05-16082 : RC et Ass. 2007, comm.74).*

§ 2. Effets de la prescription

Dans le cadre des assurances des particuliers, la prescription a pour effet, lorsqu'elle est acquise, soit d'empêcher l'assuré d'obtenir le paiement du montant de son sinistre (incendie, vol, par exemple), soit d'empêcher l'assureur de récupérer des primes anciennes, par exemple.

La prescription s'oppose à ce que l'assureur puisse assigner son assuré, avec quelques chances de succès, lorsque par exemple, malgré la prescription, il présente une demande de nullité pour fausse déclaration intentionnelle de risque, plus de deux ans après le jour où il en a eu connaissance.

Mais, si « l'action » en justice de l'assureur est prescrite, il pourra, cependant, se prévaloir de son droit en défense, contre une réclamation judiciaire d'indemnité de sinistre faite par son assuré.

Il y a, en effet, deux situations possibles en justice : soit l'on est demandeur (on assigne quelqu'un pour lui réclamer quelque chose, autrement dit on exerce une « action ») ; soit l'on est défendeur (on se défend contre un tiers qui vous a traduit devant un tribunal).

Or, l'objet de la prescription, c'est l' « action ». Le droit lui-même (droit d'être payé) n'est pas éteint. Seulement, on ne peut plus saisir le tribunal pour le faire reconnaître.

Par contre, si l'on est assigné, il peut être parfois utile d'opposer au demandeur une « exception », comme par exemple, le droit pour l'assureur de soulever une exception de compensation avec des primes anciennes, jamais payées (voir le 3ème exemple ci-après).

C'est ce qu'exprime, en droit, un adage ancien, toujours valable : *quae temporalia sunt ad agendum, perpetua sunt ad excipiendum*. On peut le résumer ainsi : si les actions sont temporaires, les exceptions sont perpétuelles.

Exemple 1 : « Attendu… que rien n'oblige l'assureur à agir préventivement pour faire juger qu'il est en droit d'opposer une exclusion de garantie et que ce qui est soumis à la prescription par voie d'action ne l'est point par voie d'exception ». En d'autres termes, l'assureur avait, en l'espèce, dénié sa garantie à son assuré pour un sinistre auto, sans, toutefois, agir en justice contre lui. Ultérieurement, suite à l'action judiciaire engagée par la victime, contre lui-même et son assuré, il avait pu valablement et bien que plus de deux ans après les faits, se prévaloir, par voie d'exception, de son exclusion de garantie. *(▪ Cass. 1ère civ., 21 juin 1989 : R.G.A.T. 1989, p. 799).*

Exemple 2 : un assureur avait laissé s'écouler un délai de deux ans, après qu'il ait eu connaissance de la fausse déclaration de son assuré ; mais, il s'était trouvé à être l'objet d'un recours direct dirigé contre lui ; aussi, pour se défendre, il pouvait faire valoir l'exception de nullité du contrat d'assurance (▪ *Cass. 1ère civ., 23 juin 1993* : R.G.A.T. 1993, p. 774).

Exemple 3 : un assureur, condamné à verser une indemnité à son assuré, suite à un sinistre vol, peut demander au juge de déduire de cette indemnité les primes échues à la date du sinistre, même s'il s'agit de primes anciennes ; en l'espèce, la cour d'appel avait refusé à l'assureur le droit à compensation ; la Cour de cassation répond : « Attendu qu'en statuant ainsi, alors que l'assureur opposait, par voie d'exception, son droit de compenser avec l'indemnité d'assurance allouée à l'assuré la prime due par celui-ci au jour du sinistre en vertu du contrat les liant, la cour d'appel a violé le texte susvisé », c'est-à-dire l'article L. 114-1 du code des assurances, sur la prescription. (▪ *Cass. 1ère civ., 9 mai 1994* : R.G.A.T. 1994, p. 767).

Section 5. Conclusion sur la prescription

Nous nous sommes étendu assez longuement sur la prescription, car c'est une sanction dont les règles sont complexes et généralement mal connues des assurés, lesquels peuvent en toute bonne foi se laisser surprendre.

Ainsi, l'on n'insistera jamais assez pour rappeler que la prescription court même pendant les discussions, les échanges de lettres avec l'assureur (les « pourparlers » n'interrompent, ni ne suspendent la prescription).

Selon le rapport de la Cour de Cassation pour 2008, page 10, le problème est « la question de l'identification du point de départ de la suspension de la prescription » en cas de pourparlers (réponse de la directrice des affaires civiles et du sceau).

On rappellera que, au cas où l'assureur engagerait des poursuites contre son assuré, par exemple pour tentative d'escroquerie, la prescription continuerait cependant à courir à l'encontre de l'assuré qui devrait veiller à l'interrompre tous les deux ans pour conserver, en toute hypothèse, son droit à recours pour l'indemnité éventuelle d'assurance. Cette précaution doit être prise, même si, dans le cadre des poursuites pénales, un expert judiciaire est nommé, car il n'aura pas pour mission d'évaluer le dommage subi par l'assuré.

Enfin, il est très important de se rappeler que le refus de garantie, manifesté par l'assureur, n'est pas le point de départ de la prescription, laquelle a commencé à courir auparavant et, généralement, à partir du sinistre. Il n'y a pas eu de suspension dans l'attente de la position de l'assureur et, en plus, une lettre de refus de garantie n'est pas interruptive de prescription. (On a vu, toutefois, ci-dessus, section 2, in fine, une exception concernant l'assurance de groupe dans le cas de garantie d'un emprunteur contre certains risques (* Cass. 1ère civ., 27 mars 2001 : R.G.D.A. 2001, p. 354)).

Il serait souhaitable que la prescription ne courût pas, tant que l'assureur n'a pas refusé expressément, ou formellement, sa garantie, mais c'est une réforme que seule une loi peut faire. Peut-être, interviendra-t-elle un jour ?

4

SANCTIONS DIVERSES

BAS-RHIN - HAUT-RHIN - MOSELLE

Section 1. Sanctions diverses

§ 1. Obstruction à la subrogation

La subrogation dont nous allons parler est celle de l'assureur dans les droits de l'assuré, après qu'il lui ait versé l'indemnité prévue par la police d'assurance, à la suite d'un dommage.

Exemple : un assureur incendie d'un bâtiment agricole indemnise son assuré dans les conditions et limites de la police, en cas d'incendie, même provoqué par un tiers ; si l'on suppose que le feu a été mis par l'enfant des voisins, qui jouait imprudemment avec des allumettes dans ce bâtiment, l'assureur ci-dessus aura un recours dit subrogatoire, contre les parents de l'enfant et contre leur assureur.

A priori, il ne saurait y avoir de difficulté.

Mais, il peut se trouver, dans certains cas, que la subrogation ne puisse pas jouer, parce que l'assuré aura, par exemple et par avance, renoncé à tout recours contre le tiers et son assureur.

Dans cette hypothèse, le code des assurances dispose (article L.121-12, 2ème alinéa) que : « L'assureur peut être déchargé, en tout ou en partie, de sa responsabilité (= de sa garantie) envers l'assuré, quand la subrogation ne peut plus, par le fait de l'assuré, s'opérer en faveur de l'assureur. »

C'est une sanction qui prive l'assuré de la garantie qu'il avait souscrite.

Toutefois, une telle hypothèse ne devrait pas se rencontrer fréquemment dans le cadre des assurances des particuliers (dans le cas des assurances des entreprises, les renonciations à recours, qui peuvent être réciproques, sont déclarées aux assureurs et font l'objet de clauses spécifiques).

Il peut cependant exister, par exemple, dans un contrat de bail, une clause de renonciation à recours contre le bailleur. Dans ce cas, il convient d'en faire la déclaration au moment de la souscription du contrat d'assurance destiné à garantir le logement que l'on vient de louer.

Enfin, en matière d'assurance transport, nous rappelons que l'assuré est tenu de se plier aux formalités nécessaires pour la sauvegarde du recours qu'aura, après indemnisation, son assureur contre le transporteur.

Par exemple, en application de l'article L.133-3, du code commerce, il convient d'inscrire toutes réserves sur le bulletin de livraison (mauvais état du colis, avaries ou manquants apparents) et de les confirmer, voire de les compléter (après déballage), par lettre recommandée envoyée au transporteur dans les trois jours, non compris les jours fériés, qui suivent la réception des marchandises (ou bien, dans le même délai, faire une demande d'expertise judiciaire). Le cas étant, d'ailleurs, très probablement prévu par la police d'assurance, il suffira à l'assuré de s'y reporter et de se conformer aux instructions qu'elle contient, sans perdre de vue de satisfaire aux obligations qui précèdent. A noter que le délai de trois jours ne s'applique pas aux prestations de déménagement.

§ 2. Malveillance d'un proche et subrogation de l'assureur

Le code des assurances prévoit (article L.121-12, 3ème alinéa) que l'assureur n'a aucun recours « contre les enfants, descendants, ascendants, alliés en ligne directe, préposés, employés, ouvriers ou domestiques, et généralement toute personne vivant habituellement au foyer de l'assuré, sauf le cas de malveillance commise par une de ces personnes. »

Ainsi, sont préservées la paix familiale et la paix sociale.

Mais, l'assureur retrouve son droit à recours en cas de malveillance commise par l'une des personnes ci-dessus.

Deux aménagements à la règle qui précède ont été apportés par la Cour de cassation :

a) « ...l'assureur qui a payé l'indemnité d'assurance ne recouvre son action subrogatoire contre l'auteur du dommage, lorsque celui-ci est l'une des personnes énumérées par ce texte (voir ci-dessus), qu'en cas de malveillance dirigée contre l'assuré » (▪ *Cass. ass. plén., 13 nov. 1987 : R.G.A.T. 1988, p.111).*

Ainsi, au cas où un enfant mineur viendrait à agresser un tiers et à lui causer des dommages, l'assureur de ses parents, civilement responsables de leur enfant mineur, tenu d'indemniser à leur place la victime, ne pourrait pas, ensuite, se retourner contre l'enfant, même devenu majeur, car l'agression (l'acte de malveillance) n'aurait pas été dirigée contre l'assuré lui-même.

b) « ... l'immunité édictée par le 3ème alinéa de l'article L.121-12, du code des assurances, ne bénéficie qu'aux personnes visées au texte et ne fait pas obstacle à l'exercice, par l'assureur qui a indemnisé la victime, de son recours subrogatoire contre l'assureur de responsabilité de l'une de ces personnes » (■ *Cass. 1ère civ., 8 déc. 1993* : R.G.A.T. 1994, p.121).

La Cour de cassation (■ *Cass. 1ère civ., 12 juill. 2007, n° 06-12624* : *Dalloz 2007.J. 2908*) précise que cette immunité n'emporte pas l'irresponsabilité de son bénéficiaire.

En d'autres termes, les personnes énumérées ci-dessus (enfants, descendants, ascendants, etc...) ne bénéficient de la protection prévue par le code des assurances qu'à titre personnel. Au cas où elles seraient garanties par une police d'assurance qui leur serait propre, leur assureur pourrait faire l'objet d'un recours subrogatoire de la part de celui qui aurait indemnisé la victime. Mais, il convient de ne pas perdre de vue que si l'auteur du dommage a commis une faute intentionnelle ou dolosive, la garantie de son propre assureur est refusée en raison de cette faute intentionnelle ou dolosive.

§ 3. Chose ayant déjà péri ou ne pouvant plus être exposée aux risques

Le code des assurances, article L. 121-15, dispose : « L'assurance est nulle si, au moment du contrat, la chose assurée a déjà péri ou ne peut plus être exposée aux risques.

« Les primes payées doivent être restituées à l'assuré, sous déduction des frais exposés par l'assureur, autres que ceux de commissions, lorsque ces derniers ont été récupérés contre l'agent ou le courtier.

« Dans le cas mentionné au premier alinéa du présent article, la partie dont la mauvaise foi est prouvée doit à l'autre une somme double de la prime d'une année.»

Dans le cadre des assurances des particuliers, on voit mal un client venir chez un assureur pour faire assurer un bien sur l'existence duquel il aurait des doutes : les moyens modernes de communication permettent d'être informé sans délai d'un sinistre à un bien, même lointain. Ou, alors, ne risquerait-on pas de se trouver dans l'hypothèse d'une tentative d'escroquerie à l'assurance ?

On peut, toutefois, penser à l'hypothèse d'un risque qui s'est déjà réalisé, sans que le souscripteur, en toute bonne foi, en ait eu connaissance.

Ainsi, un assureur peut accepter de garantir les conséquences d'une maladie dont l'assuré ignorait l'existence au moment de la souscription.

Nous citerons, dans ce domaine, un arrêt intéressant qui est le suivant :

Un contrat prévoyait le versement par anticipation d'un capital en cas d'invalidité totale et permanente, provenant d'une « maladie ou d'une lésion corporelle *survenue après* l'entrée en vigueur de l'assurance ». L'assureur plaidait que la maladie ou la lésion ne devait pas avoir eu une origine antérieure au contrat. Cette prétention a été repoussée au motif que la clause litigieuse du contrat « se bornait à faire allusion à la survenance de l'événement garanti, sans s'attacher à son origine ou exiger qu'elle soit entièrement postérieure au contrat ». (• *Cass. 1ère civ., 15 nov. 1989 : R.G.A.T. 1990, p. 170).*

§ 4. Assurance décès souscrite par un tiers sans l'accord de l'assuré

Par exception à l'objet de notre étude, qui ne concerne pas les assurances sur la vie, nous attirons, toutefois, l'attention du lecteur sur une disposition qu'il est utile à chacun de connaître car elle est relative au cas type des assurances sur la vie, à savoir l'assurance en cas de décès.

Un tiers peut, ainsi, contracter une assurance décès sur la tête d'une autre personne. Par exemple, une épouse sur la tête de son conjoint. Mais, le code des assurances prévoit, dans son article L.132-2, alinéa 1er, que cette assurance est nulle, « si ce dernier (l'assuré) n'y a pas donné son consentement par écrit avec indication du capital ou de la rente initialement garantis ».

Une seule exception est prévue : elle concerne les contrats d'assurance de groupe à adhésion obligatoire.

Au cas de souscription d'une assurance décès sur la tête d'un tiers, après que ce dernier ait donné son accord comme prévu ci-dessus, son consentement doit à nouveau et à peine de nullité, être donné par écrit « pour toute cession ou constitution de gage et pour transfert du bénéfice du contrat souscrit sur sa tête par un tiers » (art. L 132-2, alinéa 2, du code des assurances).

Il s'agit d'une nullité absolue, c'est-à-dire qu'il ne sera pas possible de l'éviter en obtenant après coup l'accord de l'assuré.

Bien entendu, si le tiers souscripteur veut procéder après la souscription à une augmentation du capital ou de la rente initialement garantis, il lui faut à nouveau recommencer les formalités ci-dessus.

Par contre, ce n'est pas exigé quand il s'agit de l'effet d'une clause de variabilité ou d'indexation figurant dans le contrat d'origine et ayant donc été acceptée initialement par l'assuré.

Si l'assurance en cas de décès est souscrite par un tiers sur la tête d'un mineur âgé de 12 ans, ou davantage, (au-dessous de 12 ans, ou lorsqu'il s'agit d'un majeur en tutelle, ou d'une personne placée dans un établissement psychiatrique d'hospitalisation, il y a interdiction formelle à peine de nullité, avec risque de condamnation à une amende de 4500 euros) il faut, à peine de nullité, le consentement personnel du mineur et l'autorisation « de celui de ses parents qui est investi de l'autorité parentale, de son tuteur ou de son curateur » (art. L 132-4, du code des assurances).

Section 2. Bas-Rhin, Haut-Rhin, Moselle

Le code des assurances s'applique aux risques situés en Alsace Moselle, y compris aux véhicules immatriculés dans les trois départements concernés, sous réserve de certaines particularités.

Les règles spéciales intéressant l'étude des sanctions encourues par les particuliers sont les suivantes (les articles cités ci-dessous, soit L.191-4, L.191-5, L.191-6 et L.192-1, sont impératifs (obligatoires), conformément à l'article L.191-3 qui dispose que ne peuvent être modifiées par convention les prescriptions qu'ils contiennent) :

- *Règle proportionnelle de primes en cas d'omission ou de déclaration inexacte du risque par l'assuré, dont la mauvaise foi n'est pas établie*

Par dérogation à l'article L 113-9, qui prévoit le cas d'une omission ou d'une déclaration inexacte de la part de l'assuré dont la mauvaise foi n'est pas établie, l'article L 191-4 précise : « Il n'y a pas lieu à résiliation ni à réduction par application de l'article L 113-9 si le risque omis ou dénaturé était connu de l'assureur ou s'il ne modifie pas l'étendue de ses obligations ou s'il est demeuré sans incidence sur la réalisation du sinistre ».

Dans une affaire concernant une multirisques habitation d'une maison située dans le département de la Moselle, l'assureur a tenté de soutenir, après un sinistre incendie, que l'erreur importante sur la surface réelle déclarée devait entraîner l'application de la règle proportionnelle de prime prévue par l'article L 113-9, 3ème alinéa, du code des assurances. L'assureur affirmait que la déclaration inexacte du risque (en l'espèce, la surface) ne peut jamais avoir d'incidence sur la réalisation d'un événement accidentel (incendie) et qu'il fallait n'écarter la règle proportionnelle de prime que si elle n'avait pas d'incidence non seulement sur la survenance du sinistre, mais aussi sur l'étendue du dommage.

La Cour de Cassation a rejeté cette argumentation et approuvé la cour d'appel d'avoir retenu que la déclaration inexacte sur la superficie de la maison « avait été sans incidence sur la survenance de l'incendie » et donc qu'il n'y avait pas lieu à réduction de l'indemnité d'assurance. Solution que l'on ne peut qu'approuver car elle est conforme au texte même de l'article L 191-4 du code assurances (absence d'incidence « sur la réalisation » du sinistre). (• *Cass. 2ème civ., 3 sept. 2009, n° 08-16726 : R.C. et Ass 2009, comm. 305).*

- Déchéance pour fait postérieur au sinistre

L'article L. 191-5 du code des assurances dispose : « En cas de manquement à une obligation lui incombant après la survenance du sinistre, l'assuré n'encourt la déchéance qu'en cas de faute lourde ou d'inexécution intentionnelle de sa part. »

- *Résiliation-sanction, après sinistre*

L'article L 191-6 du code des assurances donne le droit à l'assureur et à l'assuré de résilier la police d'assurance après la réalisation du sinistre « dans le délai d'un mois qui suit la conclusion des négociations relatives à l'indemnité ». Il ajoute que l'assureur doit donner un préavis d'un mois et restituer la portion de prime afférente à la période postérieure à la résiliation.

- *Prescription (assurance vie)*

L'article L 192-1, du code des assurances, se borne à indiquer que « le délai prévu à l'article L 114-1, alinéa 1er (2 ans), est porté à cinq ans en matière d'assurance sur la vie. »

Il semble que doive, néanmoins, s'appliquer le délai de prescription de dix ans lorsque le bénéficiaire est une personne distincte du souscripteur, avec, de façon générale pour les contrats d'assurance sur la vie, un délai butoir de trente ans à compter du décès de l'assuré, selon l'avant-dernier et le dernier alinéa de l'article L 114-1, du code des assurances.

Conclusion

Le contrat d'assurance est un contrat spécifique, en ce sens que l'assureur, se fondant sur les déclarations qui lui sont faites par le client, sur le risque que ce dernier désire faire assurer, va, en cas d'acceptation, se trouver engagé pour des montants qui seront sans aucune commune mesure avec celui de la prime ou cotisation que paiera l'assuré.

C'est pourquoi, la bonne foi, dont doit faire preuve constamment l'assuré, est de l'essence même du contrat d'assurance ; aussi, tout manquement à cette bonne foi se révèlera très dommageable pour l'assuré, ainsi que nous l'avons vu, quand l'assureur s'en apercevra.

De même, étant donné que l'assureur ne tient pas à être engagé quand l'assuré ne paye pas sa prime ou cotisation, un régime spécial a été institué, ainsi que nous l'avons étudié en traitant de la suspension et de la résiliation en cas de défaut de paiement, par l'assuré, de sa prime ou cotisation.

Par contre, le régime de la prescription peut paraître sévère, spécialement pour les particuliers, lorsqu'ils sont insuffisamment informés, ainsi que nous l'avons rappelé en conclusion de l'étude qui lui est consacrée (chapitre 3).

Mais, il convient de noter, cependant, qu'il est aisé d'envoyer une lettre recommandée avec accusé de réception, tous les deux ans, lorsque tarde le règlement d'un sinistre, pour interrompre le cours de cette prescription, à condition d'y penser…

Index

A

aggravation de risque · 17, 18, 19, 30, 31, 32, 69

C

civilement responsable · 62, 63, 67

D

déchéance · 12, 29, 30, 38, 43, 44, 45, 46, 47, 48, 49, 50, 84, 91, 97, 120
dissimulation · 16, 17

E

enfants · 39, 62, 63, 67, 70, 71, 115, 116
expert · 37, 38, 85, 89, 93, 95, 108, 111

F

fausse déclaration intentionnelle · 11, 15, 16, 17, 18, 19, 20, 21, 22, 35, 41, 84, 109
faute intentionnelle · 46, 58, 59, 60, 62, 63, 116
fraude · 17, 22, 27, 37, 40, 41

L

lettre recommandée · 12, 29, 51, 52, 57, 73, 88, 89, 93, 95, 114

M

malveillance · 63, 115
mauvaise foi · 16, 19, 20, 30, 35, 116, 119

N

notification · 73, 74, 75
nullité · 11, 15, 16, 17, 19, 20, 21, 22, 26, 27, 30, 33, 35, 37, 41, 84, 109, 111, 118

O

opposabilité · 27, 50

P

police multirisques · 20, 81
preuve · 19, 68

R

résiliation · 29, 50, 52, 57, 73, 74, 75, 120

retard · 12, 29, 30, 45, 46
réticence · 11, 13, 15, 17, 19, 21, 27, 28, 83

S

subrogation · 113, 114, 115
suspension de la garantie · 51

Pour aller plus loin

Ouvrages généraux :

BIGOT (J), Dir., *Traité de droit des assurances,* tome 3, *Le contrat d'assurance,* LGDJ, 2002, 1645 p.

GROUTEL (H), Dir., *Traité du contrat d'assurance terrestre,* LITEC, 2008, 1873 p.

GUINCHARD (S) ET CHAPUISAT (F), *Pratique des assurances du particulier : personnes et biens,* « JurisCompact », Editions du JurisClasseur, 2003, 941p.

Code des assurances, Dalloz, 2009, 15ème édition, 1376 p.

Etudes et articles :

SARGOS (P), La doctrine jurisprudentielle de la Cour de cassation relative à la prescription en droit des assurances, *RGDA,* 1996, p. 545.

SARGOS (P), L'obligation de loyauté de l'assureur et de l'assuré, *RGDA,* 1997, p. 988.

KULLMANN (J), La sanction d'une résiliation licite, *RGDA,* 2000, p. 1033.

MICHEL (S), Les avatars de l'article L113-3 du code des assurances, *RGDA,* 2001, p. 901.

D'HAUTEVILLE (A), Plaidoyer pour une réforme des clauses de déchéance en droit des assurances, *RGDA,* 2004, p. 299.

ABRAVANEL-JOLLY (S), Le secret médical en assurances de personnes, *R.G.D.A.,* 2005, p. 887.

AMRANI-MEKKI (S), Liberté, simplicité, efficacité, la nouvelle devise de la prescription ? *JCP G* 2008. I . 160.

ASTEGIANO-LA RIZZA (A), L'assurance et la réforme de la prescription en matière civile, *RGDA* 2008, p. 833.

Table des matières

PRINCIPALES ABREVIATIONS 5

INTRODUCTION 7

1

SANCTIONS ENCOURUES A L'OCCASION DE LA SOUSCRIPTION D'UNE POLICE D'ASSURANCE. 11
    SECTION 1. NULLITE DE L'ASSURANCE SOUSCRITE. 11
        § 1. Comportement déloyal et intentionnel dans le but
        de tromper. 12
            A. Rappel des obligations de l'assuré. 12
            B. Réticence et fausse déclaration intentionnelles. 13
            C. Charge de la preuve 19
        § 2. Comportement ayant eu pour effet de changer ou
        de dénaturer le risque à assurer. 19
            A. Charge de la preuve. 19
            B. Cas des polices multirisques. 20
            C. L'amnistie des condamnations pénales. 22
            D. Le secret médical. 23
        § 3. La sanction : l'annulation de la police d'assurance 26
            A. Les primes. 27
            B. Les sinistres. 27
            C. Effet à l'égard des tiers. 27
    SECTION 2. REGLE PROPORTIONNELLE DE PRIMES ET DE CAPITAUX 28
        §1. Règle proportionnelle de primes. 28
        § 2. Règle proportionnelle de capitaux 34
    SECTION 3. SURASSURANCE ET ASSURANCES CUMULATIVES. 36
        § 1. Surassurance 36
            A. Surassurance non frauduleuse. 36
            B. Surassurance frauduleuse. 37
        § 2. Assurances cumulatives. 38

2

SANCTIONS ENCOURUES PENDANT LA VIE DE LA POLICE D'ASSURANCE. **43**
   SECTION 1. LES DECHEANCES. 43
      § 1. *Validité de principe d'une clause de déchéance.* 43
      § 2. *Les clauses de déchéance réglementées.* 44
      § 3. *Les clauses de déchéance interdites.* 45
      § 4. *Les clauses de déchéances conditionnelles.* 47
      § 5. *Les clauses de déchéance inopposables aux tiers*. 49
   SECTION 2. LE NON-PAIEMENT DE LA PRIME OU COTISATION 50
      § 1. *Suspension-résiliation.* 50
      § 2. *Remise en vigueur d'un contrat non résilié.* 52
      § 3. *Paiement de la prime postérieur à la résiliation* 55
      § 4. *Assurances de groupe*....................................…..55
   SECTION 3. LES « EXCLUSIONS-SANCTION. 58
      § 1. *Exclusion de la faute intentionnelle ou dolosive*............... 59
      § 2. *Exclusion pour défaut de permis de conduire en cours de validité.* 65
         A. Conditions de mise en œuvre. 65
         B. Etendue de l'exclusion. 66
         C. Effets de l'exclusion. 68
      § 3. *Transport de passagers au mépris des conditions suffisantes de sécurité.* 69
   SECTION 4. RESILIATION POUR SINISTRE. 72
      § 1. *Principe général.* 72
      § 2. *Assurance automobile.* 74

3

SANCTION DE L'INACTION DE L'ASSURE : LA PRESCRIPTION. **77**
   SECTION 1. GENERALITES. 77
   SECTION 2. CONDITIONS DE LA PRESCRIPTION. 79
      § 1. *Déclaration fausse ou inexacte*.. 83
      § 2. *Recours d'un tiers contre l'assuré.* 84
   SECTION 3. CAUSES D'INTERRUPTION ET DE SUSPENSION DE LA PRESCRIPTION. 87
      § 1. *Les causes d'interruption de la prescription.* 88
         A. Les causes générales d'interruption. 88
            1. Citation en justice 88
            2. Acte d'exécution forcée.. 90
            3. Reconnaissance interruptive de prescription............... 91

    4. Assignation annulée en cas de vice de procédure .... .92
    5. Demande portée devant une juridiction incompétente 92
   B. Les causes spécifiques d'interruption. 93
    1. La désignation d'expert après un sinistre 93
    2. L'envoi d'une lettre recommandée avec accusé de réception (L.R. + A.R.) 96
  § *2. Les causes de suspension de la prescription.* 98
   A. Impossibilité d'agir. 98
   B. Direction du procès par l'assureur. 100
   C. Suspension conditionnelle... 100
   D. Minorité... 102
   E. Médiation et conciliation ....…...102
   F. Mesure d'instruction judiciaire avant tout procès... 103
SECTION 4. MISE EN ŒUVRE ET EFFETS DE LA PRESCRIPTION. 105
  § *1. Mise en œuvre.*.. 105
   A. Qui peut opposer la prescription ? 105
   B. A qui opposer la prescription ? 105
   C. Renonciation à la prescription....................................... 107
  § *2. Effets de la prescription*.. 109
SECTION 5. CONCLUSION SUR LA PRESCRIPTION. 111

4

SANCTIONS DIVERSES - BAS-RHIN, HAUT-RHIN, MOSELLE…………………………………………………...113
  SECTION 1. SANCTIONS DIVERSES........................... 113
   § *1. Obstruction à la subrogation*.......................................113
   § *2. Malveillance d'un proche et subrogation de l'assureur*..115
   § *3. Chose ayant déjà péri ou ne pouvant plus être exposée aux risques.* 116
   § *4. Assurance décès souscrite par un tiers sans l'accord de l'assuré.* 117
  SECTION 2. BAS-RHIN, HAUT-RHIN, MOSELLE. 119

CONCLUSION 121

INDEX 123

POUR ALLER PLUS LOIN 125

TABLE DES MATIERES 127

Collection LA JUSTICE AU QUOTIDIEN
fondée et dirigée par Jean-Paul Céré

La collection LA JUSTICE AU QUOTIDIEN a pour objectif de rendre le droit accessible à tous, aux professionnels comme aux particuliers. Elle se destine à la publication d'ouvrages, rédigés par des spécialistes reconnus, permettant de présenter de manière fonctionnelle et complète le système de justice actuel et de proposer des solutions aux problèmes juridiques de la vie courante.

1. Le permis à points (J.P. Céré)
2. Le droit de l'affichage (P. Zavoli)
3. La médiation pénale (P. Mbanzoulou)
4. La responsabilité des constructeurs (S. Bertolaso et E. Ménard)
5. Le contrôle fiscal des particuliers (E. Péchillon)
6. Les référés d'urgence devant le juge administratif (J. Gourdou et A. Bourrel)
7. La responsabilité des services de police et de secours (X. Latour)
8. Le procureur de la République (J.C. Dintilhac)
9. Les surveillants de prison (J.C. Froment)
10. Le droit des peines (G. Lorho et P. Pélissier)
11. Les droits des mères. Vol. 1 (S. Gamelin-Lavois et M. Herzog-Evans)
12. Les droits des mères. Vol. 2 (S. Gamelin-Lavois et M. Herzog-Evans)
13. L'expropriation pour cause d'utilité publique (G. Ganez-Lopez)
14. Le droit de grève (F. Chopin)
15. Les PV de stationnement (J.P. Céré)
16. Les droits de l'acquéreur d'un bien immobilier (F. Cohey-Cordey)
17. Election et modes de scrutins (B. Pauvert)
18. Les locations en meublée (J. Cayron)
19. Le placement sous surveillance électronique (Ch. Cardet)
20. Le droit des associations (K. Rodriguez)
21. La réglementation du travail des chauffeurs routiers (S. Carré)

22. La concurrence déloyale (A. Lecourt)
23. Les procès devant le tribunal d'instance (Ph. Flores)
24. Les saisies immobilières (Ph. Soustelle)
25. Les pensions alimentaires (M. Rebourg)
26. Les sanctions en droit des assurances (J.C. Ponge)
27. Les prisons en Europe (S. Snaken et F. Dünkel)
28. Le secret professionnel (B. Py)
29. La garde à vue (S. Bourretz)
30. Paroles d'enfants, paroles de juges (M. Redon)
31. La lutte contre le blanchiment d'argent (J. Lasserre Capdeville)
32. Droit de la chasse et de la protection de la faune sauvage (M. Redon)
33. Les assemblées de copropriétaires (J.P. Céré et F. Cohey-Cordey)
34.. Les procès devant le tribunal administratif (J.N. Caubet-Hillloutou)
35. Le bail d'habitation. Les droits des locataires (C. Coutant-Lapalus)
36. Le droit de la filiation (V. Bonnet)
37. Allaitement et droit (M. Herzog-Evans)
38. Manuel d'obstétrique à l'usage des professionnels du droit (J. Marchowitch)
39. Les très longues peines de prison (P. Pédron et Y. Laurens)
40. Au Palais de justice de Paris (J. Stark)
41. Droit et hospitalisation psychiatrique sous contrainte (J. Stark, C. Maugey)
42. L'évasion (M. Herzog-Evans)
43. Droits et devoirs du fœtus viable (J. Marchowitch)
44. Les secrets d'un divorce réussi (A. Dalbin)
45. Déclaration pour la protection juridique de l'environnement
    (L. Neyret et M. Renboul-Maupin)

L'HARMATTAN, ITALIA
Via Degli Artisti 15 ; 10124 Torino

L'HARMATTAN HONGRIE
Könyvesbolt ; Kossuth L. u. 14-16
1053 Budapest

L'HARMATTAN BURKINA FASO
Rue 15.167 Route du Pô Patte d'oie
12 BP 226 Ouagadougou 12
(00226) 76 59 79 86

ESPACE L'HARMATTAN KINSHASA
Faculté des Sciences Sociales,
Politiques et Administratives
BP243, KIN XI ; Université de Kinshasa

L'HARMATTAN GUINEE
Almamya Rue KA 028 en face du restaurant le cèdre
OKB agency BP 3470 Conakry
(00224) 60 20 85 08
harmattanguinee@yahoo.fr

L'HARMATTAN COTE D'IVOIRE
M. Etien N'dah Ahmon
Résidence Karl / cité des arts
Abidjan-Cocody 03 BP 1588 Abidjan 03
(00225) 05 77 87 31

L'HARMATTAN MAURITANIE
Espace El Kettab du livre francophone
N° 472 avenue Palais des Congrès
BP 316 Nouakchott
(00222) 63 25 980

L'HARMATTAN CAMEROUN
Immeuble Olympia face à la Camair
BP 11486 Yaoundé
(00237) 99 76 61 66
harmattancam@yahoo.fr

L'HARMATTAN SENEGAL
« Villa Rose », rue de Diourbel X G, Point E
BP 45034 Dakar FANN
(00221) 33 825 98 58 / 77 242 25 08
senharmattan@gmail.com

570246 - Juin 2014
Achevé d'imprimer par